祖国を戦場にされて

ビルマのささやき

根本百合子
Nemoto Yuriko

石風社

カバー・本扉・本文装画　山田純子
写真　著者

ドオ・イと村人（シャン州ミンマティ村の自宅　1994年８月）

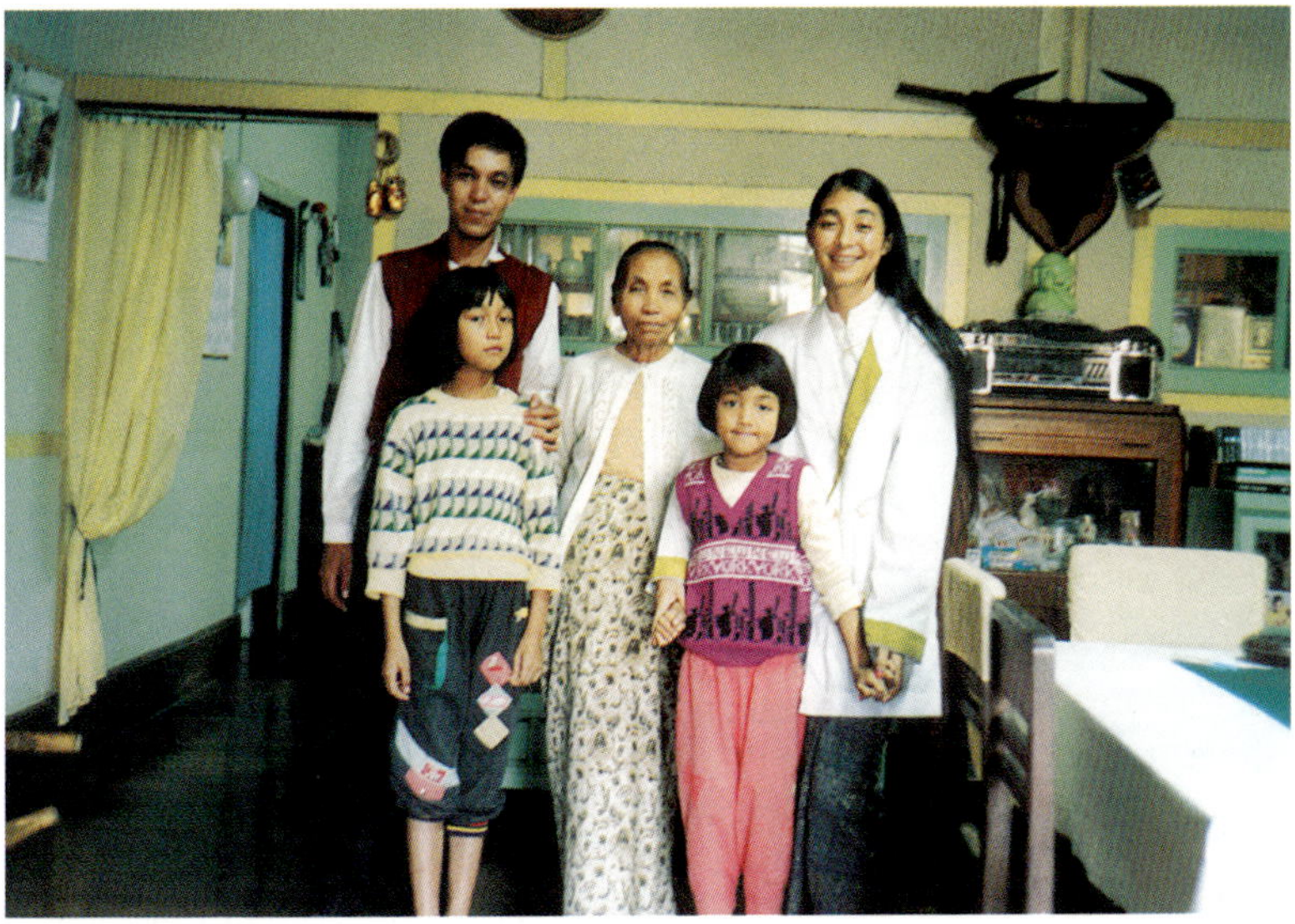

ドオ・エイ・プウィン（中央）と四男ウー・セイン・ミョウ・アウン（左）、夫人のドオ・トウェ・トウェ・エイ（右）、孫二人（のぞみ・わかな）（シャン州カローの自宅　1994年８月４日）

ドオ・タア・タアと著者（英国ゴスポートのドオ・タア・タアの自宅　1995年６月）

左の二人　ウー・テッ・トゥン夫妻、中央、著者、右の二人　ウー・マウン・マウン・ニュン夫妻（ヤンゴンのレストラン　1995年）

鈴木孝子、三男、長女、孫（ヤンゴン自宅玄関前　1995年１月１日）

サヤー・パーラグウと著者（ヤンゴンの自宅　1994年８月13日）

ダイウーの洪水　村人に押してもらって対岸へ行く大型車やトラック
（ダイウー　1994年８月３日）

ダイウーの洪水　即席フェリーで車を運ぶ（ダイウー　1994年８月３日）

ウー・ネィ・ウィン、ドオ・ラ・ラ・ミャイン夫妻（ヤンゴン　1994年８月５日）

著者の常宿のカローホテル（シャン州カロー市　1994年）

泰緬鉄道の起点の敷地の入口に建てられている「ビルマ・タイ間、日本の死の鉄路博物館」と書かれた標示板（タンビューザヤッ　1998年１月12日）

泰緬鉄道起点に残されたレール　右奥の記念碑には「ビルマ・タイ間・日本の死の鉄路の起点はここである」と刻まれている（タンビューザヤッ　1998年１月12日）

日本から運ばれて泰緬鉄道を走っていた機関車(タンビューザヤッ　1998年１月12日)

泰緬鉄道の工事に従事させられた「汗の兵隊」二人と見張りの日本兵を象った石膏の像（タンビューザヤッ　1998年１月12日）

英連邦タンビューザヤッ戦没者墓地の正門(タンビューザヤッ　1998年１月12日)

「日本のパゴダ」(後方)と碑及びパゴダを護る僧侶、ウー・パーラグウ(タンビューザヤッ　1998年１月12日)

ビルマ（現ミャンマー）全図

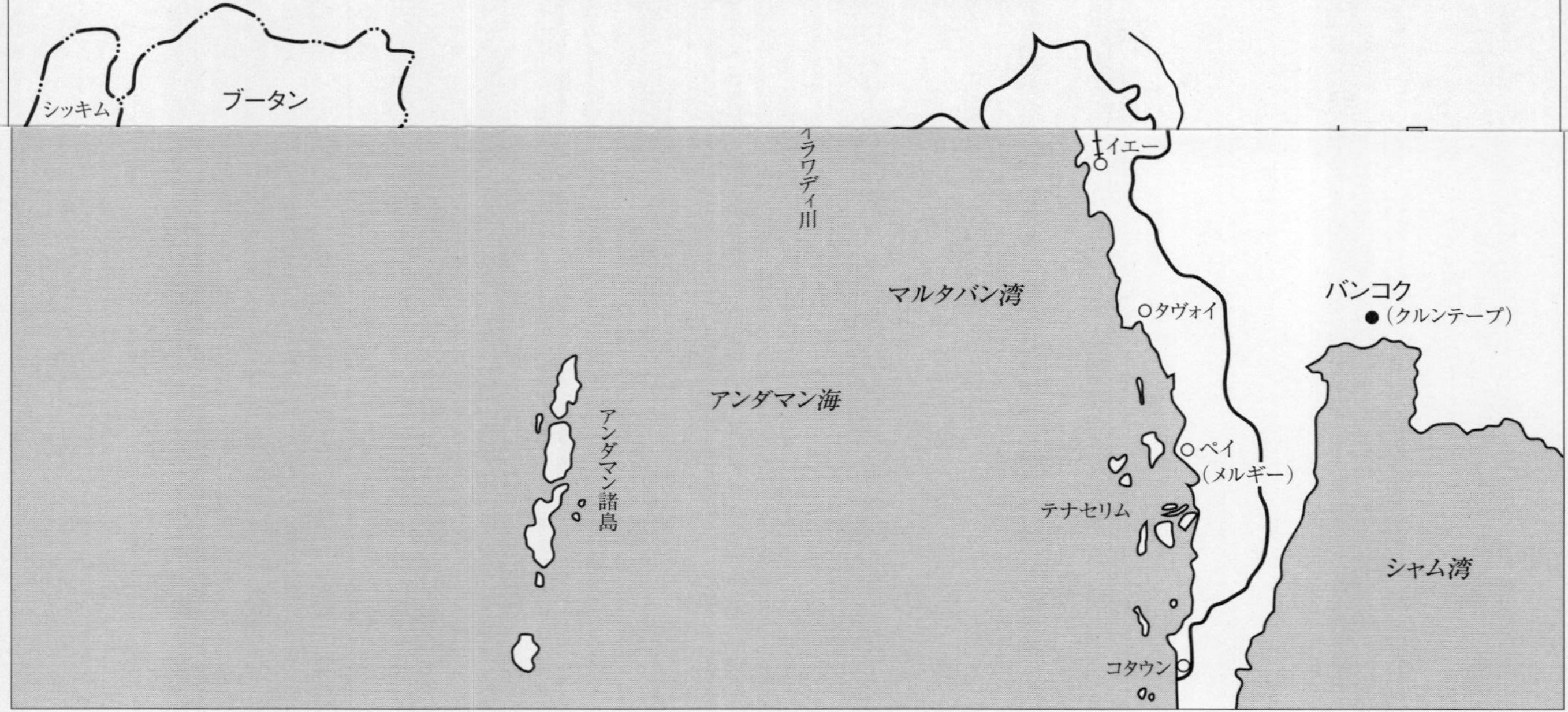

まえがき

日本が大東亜共栄圏という大義名分を掲げて突入した太平洋戦争（一九四一年十二月八日～一九四五年八月十五日）は、日本国民にも数知れぬ犠牲と苦難を強いたが、アジア諸国に人的、心的、物的に多大な被害を与えた。ビルマ（現ミャンマー）はそのなかの一国である。

開戦後まもない一九四一年十二月末、日本は数次にわたって首都ラングーン（現ヤンゴン）を空爆した。翌一九四二年一月にはビルマ国内に侵攻したが、戦いの相手はビルマ人ではなく、英印軍と彼等に協力していた中国国民革命軍（蔣介石政府の軍）であった。というのは、当時のビルマは一八八六年以来、英領インド帝国に併合された植民地であり、一九三七年より英国の直轄植民地となっていたからである。

それでは何故、日本はビルマという遠隔の地にまで出かけて英印軍と戦ったのであろうか。それは、もとより八紘一宇《はっこういちう》（全世界が一家のようになること）という当時の侵略を正当化しようとする国家理念のためであった。しかし、より端的には、その頃、蔣介石率いる中国国民政府が難攻不落と誇っていた重慶へ、連合軍がビルマ経由で大量の武器と物資を援助していた輸送ルートを遮断せざるを得ない緊急目的がその理由であったのである。即ち日本は、中国戦線膠着状態脱却の策のひとつとしてビルマに侵攻したわけであった。

戦後、ビルマにおける戦闘に関する多くの本が日英双方で出版された。私はそれらのごく一部しか読んではいないが、内容の大半は如何に相手と戦うのが困難であったか、如何に多大な犠牲を払ったかが繰り返し述べられていた。しかし不思議なことにビルマで行われた戦いであるのに、かんじんのビルマの住人の様子はほとんど書かれていないのである。四年近くにわたったこの戦争中、ビルマの人々は外国人と外国人が戦い合う自国の地で、如何なる思いで如何なる生活を送っていたのであろうか。

この至って単純な疑問を抱いた私は、戦後ビルマで出版された多くの戦争文学のいくつかが邦訳されているのを知って読んでみた。それぞれ感銘は受けたが、残念ながら私の知りたい戦時下の庶民の生活と本音は素直に伝わってはこなかったのである。そこで、それならば現地に赴き、戦争を体験した人達にじかに会って話を聞いてこようと思い立つに至った。

このような次第で、ビルマ文字の読み書きのごく初歩を学んだ後、一九九二年十二月から一九九八年一月までの間に計五回、ビルマへ取材に出かけた。一度、英国在住のビルマ女性を訪ねたこともある。

インタヴューの先は、主として現地の友人や知人の紹介によるものであったため、地域的にかたよりが出てしまったことは否めない事実である。

当初、対象はビルマ人のみと思っていたのだが、僧侶出身のビルマの哲学者が戦時中傾倒していたという日本人僧について調べたくなったり、ビルマの映画界を代表する監督兼俳優の夫人として半世紀以上この国で過ごしてきた日本女性の人生に興味を持ったりして、例外が二人出てしまった。

取材は、英語又は日本語の話せる人とは直接に、ビルマ語のみという場合は通訳を介して行った。毎回、最初にインタヴューの目的を詳しく説明してから始めるのであるが、ビルマの人達は概して遠慮深く、聞き手の気持を害さないようにとの配慮が先立つためか、本音を聞かせてもらうのがなかなか難しい。一度の取材で成功することは少なく、二度三度と訪問を重ねるうちに互いに気心が分かってきて、初めて納得のゆく結果が得られる。それでもまだ話は大抵の場合、控え目なのである。その上、インタヴューの技術上の至らなさも手伝って、私には彼等のことばがいつも「ささやき」にしか聞こえなかった。この本の副題を〈ビルマのささやき〉としたのは、このためである。

しかしたとえ「ささやき」にすぎなくとも、著者としてはビルマの人々のじかの声をそれなりに伝えたつもりである。戦時下の彼等が何を見、何を感じ、どのような経験をしたのかが多少なりとも読者に理解して頂ければ、これにまさる喜びはない。

祖国を戦場にされて　ビルマのささやき

◉目次

取材余話

祖国を戦場にされて　ビルマのささやき

I

ミンマティ村のお蝶さん

ミンマティ村は十二月でも人参、キャベツ、大根などの葉が青々と伸びている。ヤンゴンの北方六百六十キロにある南シャン州のカローという町から山道を南西に二十キロ走り、右折してデコボコ道を西へ一キロ程向かうと、急に視界がひらけて緑の畑の中に点在する農家が目に入る。北側に灌木の繁る山々をひかえ、村は静かに南北に広がっている。

ビルマというと常夏の国と思われているが、南シャン州を含む北ビルマの高原地帯には冬もある。しかし東京の冬に比べればずっとおだやかで日中は陽ざしが暖かく、土地の人々は男女共に夏と同じ布地のロンジー（巻きスカート）をまとい、女性はエンジー（ブラウス）、男性はシャツの上にセーターを羽織る程度で過ごす。だが陽が沈む頃から急に冷え込む。夕方になると彼等は大げさに見える程、厚い長いコートに毛糸の手袋、首に手編みのモコモコのマフラーを二重三重に巻いて身を縮めて歩くのである。夜、霜は降りるが雪は降らない。

カローの友人から紹介されて戦時中日本の航空兵と結婚（同棲のことを土地の人々はこう表現する）していたというドオ・イを初めてミンマティ村に訪ねたのは一九九四年八月のことであった。雨季のさなか、しかも例年にない大雨が続いていた。

道路情報など得られない国なので、ともかくヤンゴンを早朝暗いうちに出発したものの、シャン州への幹線道路は洪水の為にあちこちでトラブルが発生していた。最もひどい所は湖水化していて、急ごしらえのボート二艘に筏を固定したフェリーで車に乗ったまま渡ったり、数十センチの出水箇所は泳ぐように走ったり、悪路つづきで道中六回もパンクしてその都度修理で時間を失い、ついには深夜の山の中でファンが壊れて車自体が動かなくなってしまった。ヒッチハイクした小型のトラックの荷台は既に満員であったが無理に乗せてもらってようやくカロー・ホテルに辿り着いたのは明け方の三時であった。ヤンゴンを午前四時に出発したのであるから何と六百六十キロを二十三時間かかって到着したことになる。そんな苦労の挙句の翌々日、ミンマティ村を訪ねてドオ・イと最初のインタヴューをしたのであった。その折に写した彼女や村人達の写真を届けかたがたもう少しくわしい話を聞いてみたいと、その年の暮れに再びこの村まで足を運んだのである。

ドオ・イの家は村の一本道の中程右側の畑の中に建っている。高床造りで一見二階屋に見えるが、階下は柱だけで家畜小屋兼物置兼作業場になっている。室内に入るには家の右側にある竹を組んでこしらえた階段を登らねばならない。屋根はわら葺《ぶ》き、壁は竹をベルト状にそいだものを編んだビルマ特有の建材で出来ている。

電話も電気もない村であるから事前の約束などは出来ない。第一回目の時は、それでも紹介の労をとってくれた友人がカローからわざわざ車で出かけて私の訪問を予告しておいてくれたのだが、今回は全く突然である。車から降りると八月の時と同様に、あれよあれよと言う間に二、三十人の村人達に囲まれてしまう。彼等に聞くと果してドオ・イは留守であった。二十五キロ程離れたティ・ジ村に病気の息子を見舞いに出かけているという。同行した通訳が「折角はるばる日本から来たのだから我々の車をティ・ジ村まで迎えに出してドオ・イを連れ戻してもらおう」と言い出して運転手に頼んだ。人のよいドライヴァーは快諾した。十七、八歳くらいのドオ・イの孫の一人が同乗して案内役になるという。するとどうであろう。あっと言う間にその孫だけでなく、見物に来ていた老若男女の村人達が車に殺到して勝手にドアを開けて次々と乗り込むではないか。私はあわてた。「何かカンチガイしている！」しかしあせったのは私一人であった。運転手も通訳もニコニコして人々のなすがままに任せている。あっ気にとられている私を無視して、結局五人乗りのコロナの助手席に三人、後部座席には何と十人が重なり合ってもぐり込んでしまった。

「どうしたの一体全体？」とさわぐ私に通訳は、「車がないこの村の人達はドライヴがこの上ない楽しみなんですよ」とすましている。それでも私は、かんじんのドオ・イがこの超満員の乗用車にどうやって乗り込むのか心配で、大声を出して窓越しに運転手に聞く。「ケイサ・マシィバブウ」（心配ご無用）。彼は涼しい顔をして出発してしまった。時計を見ると午前九時半を回っていた。

残された通訳と私を村の長老らしき人と二人の老人がドオ・イの向かい側の家に案内してくれた。「どなたの家ですか」と聞くと、ドオ・イの親戚の住まいだということでほっとする。

この家も高床造りであるが部屋の入口への階段はチーク材でしっかりとこしらえてあったので安心して登る。……というのは、八月にドオ・イの家に入れてもらった時は竹の階段が一足毎にギシギシと音を立てて揺れ動き、私の体重で万一壊してしまったらどうしようかとはらはらしたのを思い出したからである。

履物を階下で脱いで階段を登りつめると、十二畳程の家具も何もない板の間に招き入れられた。右側の仕切りの向こうにもう一部屋あるらしい。ドオ・イの家に通してもらった時も同じたたずまいであった。揃って年の頃七十歳くらいの案内役の三人の男性は、壁のわきにくるくると巻いて置いてあったニッパ椰子《やし》の葉で編んだ筵《むしろ》を何枚か広げると、その上に座るようにすすめてくれた。しかし私はまだ立ったまま家の中を眺めていた。北側と南側に窓が二つずつある。ガラス戸というものがこの村の農家にないことは八月に来た時からわかっていたが、南側の窓は枠のみで木の戸さえない。吹きぬける風が冷たかろうと反対側の窓のひとつを閉めてくれたので北側の窓には木の戸がついていることがはっきりした。両方の窓の間には小棚がとりつけてあって、簡単ながら仏壇がしつらえてある。小さな黒い仏像を真中にして右に小菊の生花、左にはほこりをかぶった造花のバラが小壺に入れてある。コップの水も供えてあった。

仏壇の左側の窓は木の戸が開けたままなので、そこから外を眺めた。左前方に戦争中、日本の軍隊が駐屯していたというミンマティ山が北風をさえぎるように立っている。

南側に移ってさんさんと陽光の入る枠だけの窓際から外を見下ろすと、この家の畑と隣家が目に入る。二軒の家の間にはつるべ式井戸があって、そのすぐわきのコンクリート製の水槽にはたっぷり水が張ってある。ロンジーの裾をからげた中年の女性が両手にブリキのバケツを下げ、水槽から水を汲んでは裏の野菜畑まで運んで撒いている。何回も何回も往復する。隣家から若い女性が衣類をかかえて出て来ると水槽のわきで洗濯を始めた。ふと窓の真下を見ると三十歳くらいの男性がいつの間にか筵の上に青木の実に似たピンクの粒を広げている。思わず体を乗り出して「それなあに?」と声をかけると、男性はびっくりした顔で私を見上げ、「コーヒーの実だよ」と言って果肉を指先で器用に取り除き、一粒一粒種子を出す作業にとりかかった。そうそう、シャン州はコーヒーの産地でもあったのだ。

道の向こう側にはドオ・イの家が見える。私は迎えに出した車が何時に帰って来るのかと気になりながらも、八月に彼女と初めて会った時の事を次々と回想し始めていた。

ドオ・イの家の板の間の部屋にも筵が敷いてあって、彼女と私は向かい合って奥の方に座っていた。彼女の背中の後方には押すな押すなと村人達が二、三十人も立っていて、これから何が始まるのかと興味津々で見物している。私の方が緊張気味になってしまう。

「もしお差支えなかったら戦争中の話を聞かせて下さいませんか」と頼むと、彼女は少しもためらわず、小柄な体にしてはしっかりした声で、まず自分は現在七十歳で戦争の始まった年には十五歳であったと言った。待てよ、少しおかしい。一九九四年の現在七十歳であるなら、十五歳の時は一九三九年のはずだ。開戦の二年も前になるではないか。しかし、この国には年齢や年代に余り関心を持たない人が今迄にも往々あったことを思い出したので、ドオ・イの話もそのつもりで聞かなければ駄目なのだと自分に言い聞かせる。彼女は私の心中の疑問を知る由もなく、ビルマ葉巻をプカリプカリとくゆらせながら話を続けてくれるのであった。

戦争が始まって半年程すると、日本の軍隊がミンマティ村にやって来た。五百人くらいだったか、ともかく大勢の兵隊達が裏のミンマティ山の麓に住みついた。この部隊は「補給部隊」（多分輜重《しちょう》隊のこと）で銃を撃つことは一度もなかった。村人は日本軍がやって来ても少しもこわがらず、むしろ歓迎する様子さえあった。というのは、この村は昔から野菜と果物の産地で、市の立つ日にはカローやアウン・バンの町まで牛車で産物を運んでは町の人々に売って現金収入を得ていたのだが、日本軍は毎日野菜と果物を大量購入し、きちんとお金を支払ってくれたから、手間が省けて助かったのである。渡される現金は軍票であったが、いつも余分のお金を持たないでぎりぎりの生活をしている村人には、英国植民地時代のルピーから日本の軍票に変っても、貨幣の損害はなかった。

この部隊は毎日五、六十人ずつ村人をグループにまとめて、かわるがわる塹壕《ざんごう》掘りを手伝わせた。一日働くと一人につき米二キロと軍票三円を渡してくれた。この報酬は村人達にとって悪いものではなかった。ミンマティ村では稲作をしていないので、米の支給はことに助かった。ドオ・イも一週間に一回くらいは番が廻って来て、塹壕掘りに出掛けては、米二キロと軍票三円を母親に渡すのがうれしかった。

兵隊達が住みついて一年程した或る日、この部隊に一人の航空兵が加わった。噂によれば、どこかこの付近で日本の飛行機が墜落し、九死に一生を得た航空兵が単身山中をさまよった挙句、ようやくミンマティ山麓にこもるこの部隊まで辿り着いて面倒を見てもらうことになったのだという。年の頃は二十五歳くらいで背が高くハンサムな兵隊であった。

ドオ・イは塹壕掘りに出掛けてこの航空兵と知り合ったが、初対面の時から何となく好意を抱いた。やがて彼は時々村に下りて来てドオ・イの家に立ち寄り、母親がすすめれば夕食を家族と共にするようになった。村人はこの兵隊を「ウー・ラ・マウン」とビルマ名で呼んだ。日本兵は皆村人に対して親切で礼儀正しかったが、なかでもウー・ラ・マウンは特別態度がきちんとしていて皆から好かれた。

ウー・ラ・マウンとドオ・イは互いに思い合う仲となり、村人も両親も祝福してくれて、ついに二人は彼女の家で同棲するようになる。彼は日中ミンマティ山の部隊で仲間と行動を共にし、夕方から彼女の家に来て泊まっていくという生活が始まった。

ドオ・イはおそらくウー・ラ・マウンと結婚（同棲）する前は「マ・イ」と呼ばれていたのだと思う。ビルマでは小さい女の子と若い独身の女性には名前の上に「マ」をつけて呼ぶ。結婚後または年配の女性には、たとえ独身でも「ドオ」という言葉をつけるのである。

ドオ・イにとって、この「結婚生活」は幸せ一杯の毎日であった。ウー・ラ・マウンは心から愛してくれたし、彼女は身も心も捧げて悔いなかった。ウー・ラ・マウンはもともと裏山の部隊には属していなかったため、給料が与えられず、彼女は彼から一度も金銭をもらったことはないという。ただただ彼の愛情のみで満足していた。

ところが、この楽しい蜜月も一か月で夢と消えてしまう。英軍が力を盛り返して戻って来るというニュースが入って、裏山の部隊が急遽引き揚げることになったのだ。そしてウー・ラ・マウンも部隊と一緒に村を出て行ってしまったのである。ロイコウ方面へ移動したと聞く。ドオ・イは傷心のどん底に突き落とされた。その日以来今日まで五十年間、ウー・ラ・マウンからは何の便りもない。生きているのであろうか、死んでしまったのであろうか。無事に祖国日本へ帰り着けたか否かも一切わからない。彼女はウー・ラ・マウンを一日も忘れたことがないのに……。今も昔と同じ愛情を抱いているのに……。

ドオ・イは小さい細い体を震わすようにして、シワシワの丸顔の皺を更に深くよせて、かわいらしい小さな目で哀願するように私を見つめた。私はウー・ラ・マウンの日本名は何と言うのか、裏山の部隊名を覚えてはいないか、と尋ねてみたが双方とも答は「ノウ」であった。ミンマティ村のお蝶さんがピンカートンと何とか再会出来ないものかと心から同情してシーンとした気分になってしまった私におかまいなく、彼女は話を続けた。

ドオ・イは終戦後四年目にミンマティ村の或る男性に求婚されて所帯を持った。再婚した夫はやさしい人で、彼女とウー・ラ・マウンの過去を一切問わなかった。この夫との間に、現在四十八歳を頭に四十五歳、四十三歳の三人の息子と三十九歳の娘がいる。全員結婚していて長男以外は他所の村や町に住んでいる。孫は全部で二十四人、皆元気にしている。

ここで私ははっとして、「ウー・ラ・マウンとの間に子供さんは出来なかったのですか」と尋ねた。ドオ・イはきっぱりと「いいえ」と答えた。

二度目の夫は今から十年前に病死してしまったが、現在は長男一家と一緒に、昔ウー・ラ・マウンと生活を共にした思い出のこの古い家で幸せに過ごしている。

「しかし私は今でもウー・ラ・マウンを愛している。もし彼が生きているなら私は死ぬ前に一目会いたい。あなたもこの気持をわかってくれるでしょう?」

彼女は再び私に悲しげなまなざしを向けた。私はオリジナルの『マダム・バタフライ』とは大分路線の異なる話を聞いて、いささかとまどってしまった。

しかし見知らぬ異国からの来訪者に、これだけの打ち明け話をしてくれたことに心から謝意を表し、ささやかな日本からのお礼の品を差し出すと快く受け取ってくれた。ドオ・イは、つと立ち上がると、後方の見物人の中からお嫁さんらしい人を見つけ出し、何やら命じているようだ。辞意を告げて車に戻ると、大きなキャベツやカリフラワーが沢山車内に入れてある。見送りに下りて来たドオ・イは「ミンマティ村のおみやげです。今日はウー・ラ・マウンの国から来てくれた人に会えてうれしかった。私は日本人と短くとも幸せな結婚生活をした人間だから日本人が大好きだ。又来て下さい」と言いながら私の手を固く握って仲々放そうとはしなかった。

窓際に寄りかかって日向ぼっこをしながらこんな思い出にふけっているうちに、いつの間にか部屋は村人で一杯になっていた。最初に案内してくれた三人の一人に「いつまでもそんな所に立っていないで座りなさい」と言われて、日向から離れると少し寒く感じたが北側の窓下に腰を下ろす。着ていたロンジー越しにニッパ椰子の筵がチクチクする。

もう一時間以上たったのにドオ・イはまだ帰って来ない。集まった村人達をよく見ると何人かの若い母親と幼い子供達も五、六人いた。私はハンドバッグの中から日本のキャンディを出して人々に配った。大人も子供もうれしそうにすぐ口に入れてニコニコ顔になった。全員が包み紙を丁寧に伸ばして小さくたたみ、大切そうにロンジーにはさみ込んだ。キャンディの空箱三個は子供達の間で取りっこになったが、母親達の調停で四歳くらいの女の子二人と三歳前後の幼い男の子が一箱ずつもらうことになって大満足の様子である。

私はドオ・イを待っている間に、案内してくれた年配の男性や集まって来ている村人の中の年とった女性達に村の話を聞かせてほしいと頼んでみた。彼等はそれがことのほか嬉しかったらしく、先を争うようにかわるがわる話をしてくれた。

それによると、私の推測ではせいぜい一千人くらいだと思われた村の人口が三千人もあるということがまずわかった。小学校はもとより中学まであると言って、南の窓越しに指さされた方角を見ると、成程、岡の上のパゴダの下方にかなり大きい木造校舎が樹々の間に見えかくれしている。道理で大きい子供達はこの時間帯には登校しているので見物に加わっていないのだ。また、私はミンマティ村はどの町からも遠く離れた山村なのだと勝手に考えていたのだが、山の険しい細道を行けばカローの町までたった五キロだといわれ、車で来る場合は反って相当廻り道をしていることに気がついた。

戦時中の話にふれてみると、村人達もドオ・イと同様に年代に関しては非常にあいまいなのだが、駐屯した部隊の兵隊の数は一千人を下らないと証言し、ドオ・イの五百人くらいという話とは大分違っていた。話がもどって、日本軍が間もなく侵攻して来るというニュースを聞いた英軍がミンマティ村から急遽インドへ向かって撤退して行った時、重慶から援軍として呼んであった中国兵五百人を村の護衛のためにと郊外に残していった。彼等は村から数キロ離れた平地に陣を張った。ところが間もなくやって来た日本軍は、またたく間に中国軍を全滅させてしまった。中国兵は一人残らず殺されたので、村人達はその死体の始末に大変な苦労をさせられた。現在でも、その平地をミンマティ村の人々は「中国兵の墓地」と呼んでいる。この話もドオ・イが「日本兵は一度も発砲しなかった」と述べていたのと大違いで、日本軍侵攻の最初にこのような血なまぐさい戦が行なわれていたわけである。

村人達がグループで塹壕掘りを手伝ったことは彼女の証言と全く同じであったが、更に村人は或る時期にミンマティ山の反対側の麓の岩場で、日本の戦闘機のダミーを作る作業もさせられたという。全部で二十機くらい木製のダミーをその岩場に並べたそうである。

なお、ミンマティ村の人達がダヌー族というシャン州にのみ見られる民族で、ごく僅かの人口しか保てず、現在はカロー付近と、カローから六十キロ北方のピンダヤ付近にしか住んでいないという、私にとっては初耳の興味深い話も聞かせてくれた。

ここで階下が急にさわがしくなった。ドオ・イが帰って来たのだ。私は「あのすし詰めの車に彼女がどうやってどんな格好をして乗って来たのか見てみたい」とチラリと思ったが、立ち上がる暇もないうちに、見物人をかきわけかきわけやって来た彼女は私の前に坐った。ドオ・イは私に再会出来てうれしいと言い、私の方は、折角ティ・ジ村に病気の息子さんを見舞いに行っていたのを無理にひき戻して申し訳なかったと謝った。ドオ・イは前回会った時も割合明るい色の衣服をつけていたが、今回も黒地に赤やブルーの花柄のロンジーに白のエンジー、その上にサーモンピンクのセーターを羽織っている。夏にはひっつめに髪をまとめていたが、今度はその髪を毛糸のマフラーで包みこみ、しっぽを後に垂らしている冬姿である。

彼女は挨拶のすぐあとに私を驚かす発言をした。ドオ・イは、ウー・ラ・マウンと二か月の間、彼女の家で結婚生活をしたが、部隊の引き揚げが決定すると、直ちに軍隊から脱走する決心をした彼と手に手を取り合って山の中に逃げたというのである。彼女がこの話をするや否や年とった村人達は口を揃えて「そうだ、そうだ、ウー・ラ・マウンはドオ・イを愛する余り脱走までしたんだ」と裏付けの証言をする。私は前回と余りにも異なるドラマティックな話の展開に思わず彼女の顔を見つめてしまう。

二人は四か月の間、山中の洞穴を転々として隠れ歩いた。食物と水はドオ・イの母親が苦労して運んでくれた。命がけの逃避行であるにもかかわらず、彼女はウー・ラ・マウンと二人きりでいられること自体を幸せに思った。しかし追手はついに或る日彼等の隠れ家を見つけ出し、泣き

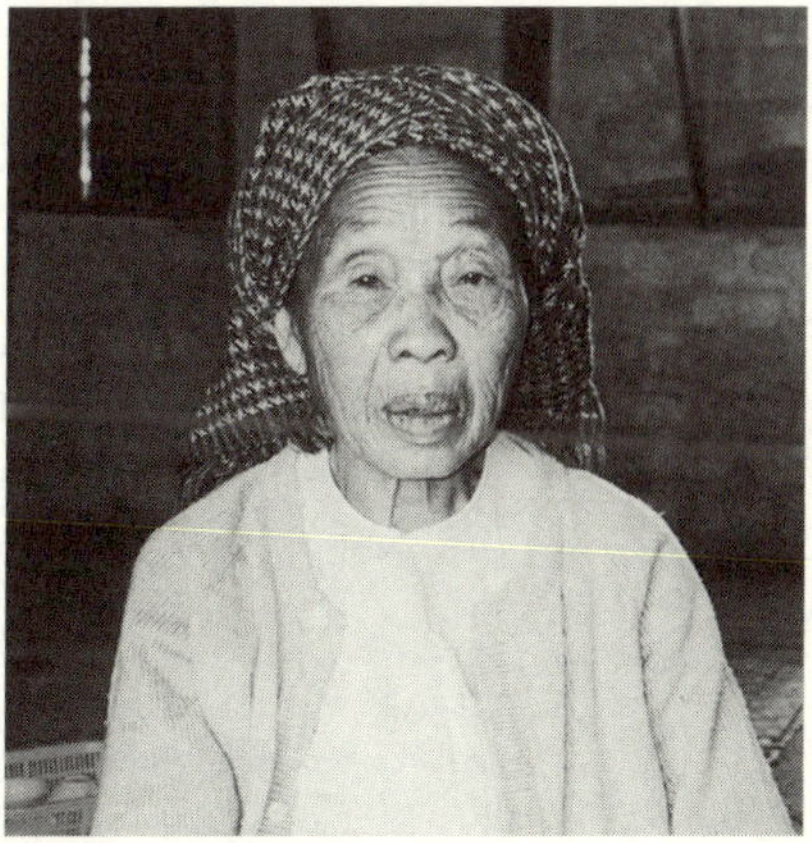

ドオ・イ　ミンマティ村の親類の家にて（94年12月）

叫ぶドオ・イをのこしてウー・ラ・マウンを連れ去ってしまった。

悲しみに暮れながら父母の許に帰った彼女は、既に、ウー・ラ・マウンの子供を身ごもっていた。無事に生まれた子供は男の子で、「コオ・ズィン・ヨウ」と名付けた。コオ・ズィン・ヨウは現在四十七歳（?）で近くの村に住んでいる。妻との間に娘三人、息子三人があるが、その中の長男だけはずっとドオ・イの家に同居している。コオ・ズィン・ヨウは大工で、一家は食べるのに困らない生活をしている。

ここまで一気に話した彼女は、いつの間にか直ぐわきに来ていた青年をひき寄せ、「これがコオ・ズィン・ヨウの長男、孫のマウン・トウです」とあっけにとられている私に紹介してくれた。目のぱっちりした利発そうな若者で、年は二十歳だという。彼女はマウン・トウに「家からお父さんの写真を持っておいで」と命じた。彼が座をはずしている間に私は思わず「どうして八月に話を聞かせてもらった時には、たった一か月の結婚生活だったと言い、ウー・ラ・マウンとの間には子供はいないと言ったのですか」と疑問をぶつけた。彼女は別に悪びれる様子もなく、私の目を真っすぐ見ながら、「それはあの時、私にはあなたの訪問の目的がよくわからなくて、もしかすると、あなたがコオ・ズィン・ヨウや孫達を皆日本へ連れて行ってしまうのかと心配したからですよ」と答えた。私は開いた口がふさがらない思いであったが、すぐに、そう言えば前回「ウー・ラ・マウンとの間にお子さんは？」と聞いた折に、余りにもきっぱりと「子供はいない」と答えた、その口調が不自然なくらい強かったことを思い出して、彼女の母親としての気の廻し方にはじめて気がついたのであった。

マウン・トウが写真を持って再び現われた。台紙に張られたキャビネ型の白黒の写真は目鼻立ちの整った顔で、アイロンのきいたシャツとズボン姿のりりしい青年の姿であった。随分昔、写したものと思われる。囲りの老人達が「ほら、日本人の顔をしているだろう？　コオ・ズィン・ヨウはウー・ラ・マウンと生き写しなんだよ」と口をはさんだ。ドオ・イも「この息子の写真を私はウー・ラ・マウンだと思って大事にしているんです」と胸に抱きしめてみせた。

私は前回と今回の話のくいちがいにショックを受けたものの、村人達の証言もあったので、今回の方が事実なのであろうと思うことにした。しかし、戦後四年たって再婚した夫との間に出来た長男が四十八歳だと前回聞いたのだが、四十五歳前でないと年代が合わない。その上ウー・ラ・マウンとの間に出来たコオ・ズィン・ヨウが四十七歳だというのでは訳がわからなくなってしまう。

私はこれらの事をくわしく聞いてみたかったが、時間は既に十二時を過ぎており、午後早目にカローの友人との約束があるので何としてもここを辞さなければならない羽目に陥っていた。ミンマティ村への三回目の訪問が出来るかどうか自信はないが、いつの日かこれらの疑問を解きたいという思いにかられながら、時間に追われて村を後にした。ミンマティ村のお蝶さんは私が渡したおみやげのタビックスを大事そうにかかえたまま、遠ざかる車に手を振ってくれた。

九九一三部隊の炊事係

「はじめまして。私の名前はカードゥと申します」

紹介された途端にきれいな日本語の挨拶だった。一九九三年夏、シャン高原の裾に広がった盆地にあるヘイホー村でのことである。

インド系のはっきりした目鼻立ちのカードゥは、髪に大分白いものがまじってはいるが、身長一七〇センチ前後のがっしりした体格だ。淡いブルーのシャツに、紺と白の縞のロンジーで小ぎれいに身を包んでいる。

「一九四二年六月、日本軍がヘイホー村へ侵入してきました。この時期には英軍はもう撤退して一人もいませんでしたから、戦火を交じえることなく彼等は軍政を敷いたのです。全部で千人位は入ってきたでしょうか。本部の歩兵聯隊のほかに車輌隊、通信隊、飛行隊などが村の主要建造物をつぎつぎと接収して駐屯しました。部隊長は最初は清水、後に平林に代わりました」

ウー・カードゥ　シャン州ヘイホー村協同組合にて（1994年）

まだインタヴューを始めていない外での立ち話である。「てにをは」の誤りがほとんどない流暢な日本語が、どうしてこのシャン州の田舎の一男性の口から出てくるのだろうか。発音もイントネーションも日本人と変らないなめらかさである。その上、半世紀も前の部隊の様子や部隊長の名前まではっきり覚えている記憶力には、ただ驚くばかりだ。

カローの友人がヘイホー協同組合の事務員をしている友達を通してカードゥを探してくれた事情から、インタヴューは組合の建物の二階を使わせてもらえることになった。ヘイホーはカローと州都タウンジー双方の町から約三十キロの東西の中間にあって、街道の両側一キロ程にわたって広がる村である。協同組合は村のほぼ中央、街道の南側に建っている。車が四、五台は駐車できそうな前庭がある。隣の建物との間の垣根は大きな葉を勢いよく繁らせたバナナの樹で、その裾に咲いている真紅のカンナが心をなごませてくれる。木造二階建ての一階は、左三分の一が事務所で、その他の部分は倉庫のようである。事務所の梁には緑の地に白のビルマ文字で「ヘイホーチェユワー・タマワーヤマ・アティン」（ヘイホー村協同組合）と書かれた横長の看板がかかっている。中では四人の男性が静かに机に向って仕事をしていた。私たちを見ると丁重に挨拶してくれた。

カードゥを紹介してくれたエイ・マウンという感じのよい青年に案内されて、事務所の奥の階段から二階へ上がる。そこは二十畳余りの板の間で、椅子ひとつない殺風景な部屋だった。しかし両側に三つずつ大きい窓が開け放たれて居り、さわやかな高原の風がよく通る。見廻してみると、部屋の隅に寝具用の巻いたござが数本立てかけてあるから、組合関係の出張者用の宿舎に使っているのかもしれない。掃除の行き届いた床は黒光りがしていて、じかに座るとひんやりして快適である。カードゥと向かい合って話を聞く。

「当時、私はまだ独身で未亡人の母と妹三人、弟一人と一緒にこの村に住んでいました。母と私はバザールで雑貨を売って生活を立てていたのです。ヘイホーは高原ですが広い平地になっているので、郊外には英軍の飛行場があって部隊が常駐していました」

彼は昔を懐しんでいるような表情から急に少しけわしい顔つきになると、

「四月頃から日本軍が英軍や中国軍と戦いながら、大変な勢いで北上中だという噂はしきりに聞いていました。ところが五月末に、いよいよタジ方面から東方へ向かって、つまりヘイホーへの街道を掃討中というニュースが入ると、英国の陸軍部隊も飛行隊もあっという間に撤退して村から消えてしまったんです」

と日本軍が侵入する直前の様子を聞かせてくれた。

長年統治していた英軍が突然姿を消すと、この辺りの治安は俄かに悪化した。泥棒は横行するし、今まで仲よくつき合っていたインド系や中国系の村人とシャン人との間に争いが頻繁に起きるようになった。女性や子供達が安心して生活できなくなってしまったので、カードゥは三十キロほど北のボサイン村に母と弟妹を疎開させて、彼は一人で村に残ることにした。

六月初旬、ついに日本軍がヘイホー村へやってきた。最初は数十人、翌日一挙に一千人位の兵隊が侵入してきた。村人は恐しさに震え上がって、皆家の中にかくれてしまった。しかしこの心配は杞憂《きゆう》にすぎないようであった。意外にも日本兵達は非常に規律正しい上に、何も危害を与える気配がないことが数日のうちにわかったからである。人々は徐々に警戒心をほどいて外へ出てきた。ところが間もなく部隊長が村長に命令して、街道に面した目ぼしい建物を次々に接収して各部隊を駐屯させたのである。村役場には本部隊が入り、小学校や中学校も明け渡しを命じられた。立ち退きを強制された役場や学校や他の施設は、それぞれ移転先を探すのに苦労した。結局、大きい民家を接収して移転したから、今度はそこに住んでいた村人が行く先を求めて途方に暮れた。

又、軍は畑の一部を開放させて簡易兵舎を何棟もたてた。畑を強制的に取り上げられた農民は泣き寝入りである。見兼ねた隣人が自分の畑の手伝いに雇ってくれた場合は幸せなケースで、遠い親戚を頼って泣く泣く村を出て行く者もいた。村の人々が何よりも不自由したのは、建物の接収と占拠に伴い、村のメインロードである街道が東西一キロに亘って一般人通行禁止とされたことだった。街道の向かい側のすぐそこにある自分の畑を耕しに行くにも、友人を訪ねるにも、ちょっと買物に出るにも大変な遠回りをしなければならないのである。数は少なかったものの、商店は皆街道筋にあったため、店の人達は回り道をしてきた客と裏口でしか接することができないという不便極まりない商売となった。又、バザールで市の立つ日には、売り手も買い手も以前の何倍もの苦労をしなければならなくなったのである。

このように村の事情が一変したなかで、カードゥは移転した村役場を通して、日本軍が雑用係りを数名募集していることを知った。

「私は早速応募しました。そして運よく飛行隊九九一三部隊の炊事係りに採用されたのです。条件は、一か月軍票二百十円と米三十キロが支給されるということで、これは疎開先の母と弟妹を養うのに十分な額でした」

防衛庁防衛研究所図書館の資料によれば、九九一三部隊は台湾屏東《びんとん》を本拠地とする第八飛行隊に属し、確かにこの時期にビルマのシャン州へ派遣されている。

彼は早速部隊内に小部屋を与えられ、そこで寝起きすることになった。

カードゥは、

Aug. 9 '99
Mandalay

「炊事隊長は宇島大尉、係りの兵隊は小原曹長、その他倉本、桑崎、西本、児玉などがいました。児玉という兵隊は、気の毒なことに半年ほど後にペストで死んでしまったんです。部隊中消毒が行われ、彼の持ち物は遺体と一緒に全部焼かれました。このためペストはこれ一件ですみましたが、日本の軍隊の衛生管理は大したものだと思いましたよ」

と再びはっきりした発音で次々と兵隊の名前を挙げて私を驚かせた。

彼はこれらの係りの兵隊とともに、一日おきに二、三十キロ離れたタウンジー、ニャウン・シュウェ、アウン・バーンなどの町に軍のトラックで食品買い付けに出掛けた。彼の役目は通訳と購入品の車への上げ下ろしだった。中国系の店からは醬油、味噌、豆腐などが入手出来て、日本食を作るのに大いに役に立った。代金はその都度軍票で支払い、売り手に迷惑をかけたことはない。新鮮な野菜はヘイホーの農民から求めることが多かった。

「日本食の作り方はすぐ覚えました。朝食は大抵味噌汁と漬物、そして御飯と生卵。味噌汁の中には季節の菜っ葉をきざんで入れました。昼食と夕食には、天ぷら、すき焼き、いろいろな豆腐料理、油揚げと野菜の煮物、親子丼、カツ丼など係りの兵隊が苦心して毎日メニューを変えていました」

カードゥは楽しそうな顔で続ける。

「作るのはとても面白かったんですが、食べる方はちょっと困りましたね。香辛料を使わない料理は私には甘くて食欲が出なかったんです。でも若かったから間もなく馴れて、段々美味しいと思うようになりました。ただ白い御飯に甘いおかずという取り合わせはいつまでたっても大閉口でしたよ。そこで考えたんです。『バラチャウン』という干した小えびと揚げたにんにくとたまねぎを材料にしたビルマのふりかけを作って、御飯にかけて食べたんです。美味しいんですよ、これが……」

彼が私に「バラチャウン」を知っているかと聞くので、「知っていますとも。大好物ですから東京の家でも時々作っていますよ」と答えると、我が意を得たように満面笑みを浮かべて、話をはずませた。

「そうですか。実は兵隊達が私の『バラチャウン』を羨ましがって、味見をしたらとても気に入ってしまったんです。以来私は兵隊用にも大量のふりかけを作ることになってしまいました」

カードゥは初めて部隊の炊事場に足を踏み入れた時、一言も日本語を知らなかった。しかし四六時中日本兵と生活を共にしはじめると、彼の日本語はまたたく間に上達した。字は全然読めないが、半年経つか経たないうちに不自由なく話せるようになったので、兵隊達に大事にされたし、かわいがられもしたという。それにしても信じられない気持ちが先立ち、私は話をつい本筋からそらせて、

「ずい分昔覚えられた言葉なのにどうして今でもこんなに上手にお話しになれるんでしょうか」

と聞くと、

「実は、戦争末期再び英軍が戻ってきた時に、私はヘイホー飛行場の清掃係りにやとってもら

いました。そして独立後もずっと今日までこの仕事を続けています。ですから私は今でも毎日空港で働いているわけです。それで、日本人の観光客や慰霊団が乗り降りするたびに日本語で話しかけてみるのです。皆はじめはびっくりしますが、次にはとても喜んで、ちょっとの間ですが話し相手になってくれるんです。それがよい練習になるんですね。

それに私は日本語が好きで、何か考えごとをする時はなるべく日本語でするんです。それからまわりに人がいないところでは、声を出して独り言をいうんですよ。こんな風にして今でも日本語を忘れないようにしているわけです。

今日はこんなに長時間、日本人と日本語で話が出来るなんて、本当に夢のようですよ」

彼は恥しそうに、しかし少しばかり得意気に説明してくれた。

再び話を日本軍政時代にもどしてもらう。日本軍はすべての点で規律正しく、村の取り締まりも厳しくしたため、乱れていた治安は忽ち回復したという。

「でも生活が苦しくなった村人が、部隊内にしのび込んで食料や燃料を盗む事件がごくたまにですが発生するようになったんです。みつかると犯人はつかまえられて逆さ吊りにされて、とてもひどい目に合わされました」

半死半生の態にされることもあった。

一方、兵隊達のなかにも村の生活に馴れてくると、一般人に対する態度がくずれてくる者が出て来た。

「時々、代金を払わずに貧しい村人から大事な家庭用品や、当時手に入れにくかった衣類を取り上げてゆく兵隊が現われたのですが、泣き寝入りするしかありませんでした。でも幸いヘイホー村に関する限り、女の人に乱暴する事件は起きませんでした」

とカードゥは言う。尤も女性に関しては合意の上で結婚の形をとって子供の生まれたカップルが三組程出来て、幸せそうにしていたと聞くものの真相はどうだったのだろうか。

一九四三年に入ると、インドで力を盛り返した英軍の空爆が開始された。爆撃機は主として郊外にある飛行基地を狙ったが、戦闘機による機銃掃射は村も畑もところかまわずであった。農民はこわくて畑仕事がまともに出来なくなり、その結果農作物の不足を招くようになった。村人にも次々と被害者が出て、終戦までには合計三十人位が命を落とした。度重なる空襲は村の人々の町への買物まで困難にさせ、恐怖と不自由は日毎に増していった。

一九四三年八月一日、ビルマにようやく名のみながら日本政府による「独立」が与えられ、バ・モオが国家元首兼首相に就任して、中央行政府が発足した。しかし既にこの頃、日本軍は反撃に出てきた連合軍の勢いに押され、戦局は日を追って悪化していた。各地に駐屯する軍隊にも暗い影がさし始めていたのである。ヘイホーの日本軍も例外ではなかった。

一九四五年三月末のある朝早く、いつもより激しい空爆が村を襲った。人々は逃げまどい、死傷者が何人も出た。

「ところが何としたことでしょう。ヘイホーに駐屯していた村中の日本軍が、あれよあれよという間に一人残らず出て行ってしまったのです。余程急いだのでしょう。私が折角用意した朝食に箸もつけないで消えてしまいました。余り急だったので何が何だか分からないでいた私達は、しばらくしてから日本軍が逃げ去ったことに気がついたのです。しかし退却する時にも整然となされた行動には目を見張ってしまいました」

私はすぐに日本兵の妻となっていたという三人の女性と子供達に思いが走った。

「そのまま置き去りにされてしまったんです。でも戦争が終わると間もなく、それぞれ村の男性と子連れで再婚して、今でも幸せにすごしていますよ」

との言葉に一瞬ほっとはしたものの、夫と信じていた人に突然無言で去られてしまった彼女達の驚きと嘆きは如何ばかりであったろう。再婚するまでの女手ひとつの数知れぬ悩み、日本人との間に生まれた子供達を見る人々の目、新しい夫に対する他人にはいえない気苦労など、察して余りあるものがある。

突然職を失ってしまったカードゥは家族の疎開先へ行き、近くの農家の手伝いをしながら数週間を過ごした。この頃には、マンダレー方面から敗走してくる日本兵が、疲れ果てた惨めな姿でボサイン村を通って行くようになった。村人は恐しがって直接助けることはしなかったが、旅人のために常設されている道端の素焼きの瓶にいつもよりたっぷり水を入れた。又その瓶の台の上にバナナの葉で包んだ食べ物をそっと置いておくと、いつの間にかなくなっていた。

へイホーにはしばらくすると英軍が堂々と戻ってきて村は再び昔の生活に返った。カードゥ一家も安心して帰宅した。軍票は一朝にして反故同様となり大損した者もいたが、彼の家には手持ちはほとんど無く、損害はなかった。カードゥは早速知人を通して飛行場で現在も続けている仕事を得た。

「いろいろな時代を過ごされてきたわけですが、いつが一番よかったと思われますか」

と問う私に、

「それは勿論、戦前の英領時代です」

はっきりした答が返ってきた。

「私は日本の占領時代にも部隊に飛び込んで働き通しましたが、日本と英国の三年半に及ぶ戦いのお陰で、ビルマはボロボロになってしまいました。どれだけ多くのビルマ人が命を落とし、家をなくし、財産を失ったことでしょう。何より大切な生活の安定さえなくなってしまったんですよ。それにひきかえ、英領時代には人々は本当に安心して暮らせました。農民は畑を一所懸命耕し、バザールでは商人が何の心配もなく商いをしていたんです。働けば働いただけの収入が入って、ささやかな幸せがありました」

「独立後から現在にかけては、どう思っておられますか」

と聞くと、

「独立した独立したと喜んでいた人も確かにいましたよ。でもヘイホーのような村はかえって経済的に以前より苦しくなってしまったんです。お金の値打ちがどんどん下がって、物の値段は上がる一方なのですからね。私には政治のことはむずかしくて全然わかりません。でも英領時代が私達村人にとっては一番恵まれた時代だったことだけは間違いないのです」

と訴えるようなまなざしで私を見つめた。

カードゥはインタヴューの時点で六十七歳。妻と娘五人、息子三人、孫十五人がいる。子供達は皆結婚していて、他の村に住んでいる者もいるという。

私は思いもかけず日本語で詳しい話を聞かせてもらえたことを心から感謝して、名残りを惜しみながら別れを告げた。

ビルマは日本の二倍弱の国土と三分の一の人口を持つ。行政上七つの管区と七つの州に分けられている。管区には主として所謂ビルマ人が住み、各州にはその州名となっている民族が多く住んでいる。

シャン州はビルマ最北のカチン州のすぐ南に位置し、七つの州のなかでは最大の広さを有している。州の東側は中国、ラオス、タイと国境を接していて、中心をサルウィン河が悠々と流れる。ラオスとの国境はメコン河をはさんでいる。この辺りの州の東端は東へ鋭く突き出ていて、世界的に有名なヘロインの産地「黄金の三角地帯」である。州都はタウンジーで州の南東に位置するが、山の頂上に発展した町なので空港はない。三十キロ西のヘイホー村の国内線エアポートは、現在でも南シャン州の空の玄関である。

ここでは毎日、数便の旅客機が各国の観光客を乗せて発着している。そのなごやかな光景からは、半世紀前の悪夢のヘイホー飛行場を想像することはとても出来ない。しかし雨季が過ぎると毎年のように、戦後無事に日本に帰り着くことの出来た元軍人や兵士が慰霊団員を募り観光客にまじってこの空港に降り立つ。彼等はビルマ各地で命を失った戦友の骨を拾い、既に多くの慰霊塔を建立してきた。それらの地を繰り返し訪ねては、心からの供養をしてゆくのである。ビルマの人達はその都度慰霊団をあたたかく受け入れる。通訳やガイドは懇切丁寧に世話をする。昔、自分達の家族や仲間の多数が無意味に死んだり殺されていったことなどはおくびにも出さない。

生徒が一人しかいない日本語教師

「お姉さん、よく来てくれましたね」

訪ねる度に、ラ・ミンは満面笑みをたたえて心から嬉しそうに迎えてくれる。六十代のビルマの男性にいとも気安く日本語で「お姉さん」と呼ばれると、最初のうちは大いに閉口した私も、この頃はすっかり馴れて気にならなくなった。

ビルマでは、年上の友人を、親しみをこめて女性には「お姉さん」、男性には「お兄さん」と呼ぶ習慣があるのだ。ホテルの食堂などでも、ウェイトレスやウェイターが「これは私の姉です」とか「私の兄です」と同僚を紹介するので、分かっているつもりでも、つい本気にしてしまうことがある。

シャン州カローの駅前通りのラ・ミンの住まいは、いつ訪れても門から玄関への前庭には、季節の花が咲き、箒《ほうき》の掃き目がついている。駅の正面は、広場になっているが店一軒あるわけでもなく、住所が「駅前通り」となっていても、家は単線のレールから雑草の空き地を隔てて五、六十メートルは離れている。日に数回、マンダレーとタウンジー間の上り下りの汽車が煙を上げて走っても、別に気になることもない。

庭内には、余り大きくはないが比較的新しいトタン屋根の木造平屋の家が建っており、その右隣りには、ラ・ミン夫人と末娘が開いているティ・ハウスがある。店では、コンデンス・ミルク入りの甘い紅茶を飲ませ、ペプシコーラやジュース等も注文に応じてコップにつぐ。クッキーや揚げ豆類も置いてある。テーブル一つと五、六脚の椅子しかない店内なのだが、絶えず客が出入りしていて、楽しそうな声が聞こえる。ラ・ミンの娘が鼻筋の通った色白の美人で、愛想よくサービスをするからこのように繁盛しているのだろうか。夫人のお茶が特別美味しいのだろうか。

一九九二年十二月の或る日、カロー・ホテルのフロント係り、トウェ・トウェ・エイが「私の日本語の先生です」と紹介してくれたのがラ・ミンとの初対面だった。彼女はホテルの日本人宿泊客と日本語で応対出来るようにと思い、彼に弟子入りしたのだそうだ。玄関口に「日本語教えます」と英語で書かれた小さい看板が出ているものの、生徒は多分彼女一人だろうとのことだ。

ラ・ミンは細身で背が高く、年より若く見える。おだやかな顔立ちの中に、生真面目そうな表情がある。話し方は至って気さくで明るく、ヒヤリングが確かなので十分日本語で会話が出来る。前もって、トウェ・トウェ・エイが、私のインタヴューの目的「戦時中の体験と戦争に関してのお考えを伺わせて頂きたい」という意向を伝えておいてくれたので、彼は快く私を居間に招じ入れ、左手にある木製の椅子をすすめ、自分も右わきに腰を下ろした。二十畳程の室内は隅々まで片付いていた。正面の飾り戸棚の上には庭のアスターが活けてあり、中には本がぎっしり並んでいる。その左隣りのデスクの上のノートや筆記用具も整然と置かれていて、さわやかな書斎コーナーである。

小肥りで丸顔の夫人がにこやかに入って来て、ティ・ハウスの入れたての紅茶と、クッキーの盛り合わせを目の前の小テーブルに置いた。ラ・ミンは「どうぞ」とすすめながら話し始めた。

日本軍がタイとの国境からビルマに侵攻して来た一九四二年一月、ラ・ミンは両親や弟妹達と共にサガイン（ザガイン）に住んでいた。まだ十二歳、小学校三年生だった。

サガインはマンダレー市とイラワディ河を隔てて向かい合う緑の丘に、大小の白いパゴタが点在する平和な町である。この静かなたたずまいの丘にも、「三月上旬、日本軍が首都ラングーンを占領し、その後、破竹の勢いで北上しつつある」というニュースが流れて人々はざわめき始めた。長年町を統治していた英軍も、風雲急を告げるとすべてを放棄して、インドへ引き揚げてしまった。どうなることかと町中が緊張した。ところが、間もなく多数の中国兵（蔣介石の中国国民党軍）が進駐してきて、英軍に代わって町の運営を始めた。

「隣の国の人とは言っても、その頃サガインの人達にとって、中国人は気心の知れない存在だったのです」

子供心にもラ・ミンは非常に不安を覚えたという。

一九三九年一月から連合軍は、ビルマ経由で大量の武器と物資を昆明に運び込み、重慶に立てこもって日本軍の攻撃に強硬に抵抗していた蔣介石を援助していた。その代償として、多数の国民党軍がビルマ国内の英軍に協力しなければならなかったのではないだろうか。おそらく今回、英軍がインドに撤退するに及んで、その後始末と日本軍進撃阻止を命じていったのであろう。北上を続けていた日本軍は、各地で中国軍と戦火を交えなければならなかったのである。

一九三七年、盧溝橋《ろこうきょう》事件勃発以来、長年に亙って国民党軍と戦って来た当時の日本としては「重慶を陥落させるには、この補給動脈であるビルマ・ルートを遮断するしかない」として、敢えてビルマ本土へ侵攻したのであるから、彼等との戦闘は避けられない現実であったのであろう。

五月上旬、日本軍がついにサガインへも入って来た。その直前に中国兵は姿を消していた。しかし日本兵は町中の民家に踏み込んでくまなく点検し、徹底的に中国兵を探した。万一逃げそびれて隠れていた者を発見すれば、言語に絶する虐待の挙句、惨殺してしまったのである。

「目の前で中国兵をこのように扱ったので、私達はすっかりおびえてしまいました。でも次第にビルマ人には恐ろしいことはしないと分かってきて皆ほっとしたのです」
足かけ三年の間、日本軍はこの地区を支配した。通貨が軍票に切り替えられた時は、とまどったがすぐ馴れた。庶民の日常生活は英領時代とさして変わらなかったとは言え、衣類の品不足になやまされた。インドからの綿糸や綿布の輸入が止まってしまったからである。

ラ・ミンの父は若い頃、町役場の書記をしていた。後に衣類と雑貨の商売を始めたが、成功して一家の生活は安定していた。

ところが、彼が車の運転が出来ることを知った日本軍は、運転手としてマンダレーの部隊で働くように依頼して来た。父はこれを受けて店を母に任せ、川向こうに通勤することになったのである。

ラ・ミンは長男で、下に妹二人と弟二人がいた。彼の一家も他の町民達と同様に、日本軍へ対して悪い感情は持たなかった。英領下でも特に不自由だという生活ではなかったのだが、目や肌の色の異なる民族に支配されている違和感があった。ところが、突然侵攻して来たとは言え、日本軍兵士は同じアジア人であるため、民族的親近感を持つことが出来た。大人達は「日本人はビルマの独立を助けに来てくれたのだ」と信じ、大きい期待さえ持ったのである。

日本軍はサガインに軍政を敷くと、間もなく日本語学校を設立した。ラ・ミンは早速入学し、熱心に勉強した。教科書は、プリントを綴《と》じた『はなしことば』という本だった。彼は生まれて初めて習う日本語に夢中になった。兵士のなかから選ばれた先生達は丁寧に分かり易く教えてくれた。発音は余り難しくないし、語順はビルマ語と同様なので面白くて仕方がなかった。ひらがなとカタカナは瞬く間に覚えてしまった。彼は一年間、一日も休まず通学して卒業した。

ところで、彼の父が運転手として所属していたのは、マンダレー大学の隣に駐屯していた竹内部隊だった。ラ・ミンは日本語学校を修了すると、出勤する父と一緒に出掛けては、部隊の兵隊達と習いたての日本語で話をするのが楽しみな毎日となった。やがて彼は竹内部隊長の目に留まり、部隊長専属の通訳を命じられる。彼はことのほか可愛がられ、子供用の軍服を作ってもらい、同行して行く先々でも重宝がられた。

一九四三年の末、父は何か思うところがあったのか部隊の仕事をやめて再び商売に戻った。しかし、戦時下の店は以前ほど順調には行かなかった。そこでラ・ミンも通訳の仕事を離れ、サガインの病院で、上の妹と二人で食べ物を売って家計を補うことにした。この病院は、サガイン・ハイスクールを日本軍が接収して軍病院にしたものだったが、土地の人達も利用出来たのである。

この病院でしばらく働いた後、一九四四年二月、彼と妹は共にサガインの或る日本の将校に宿舎の小間使いとして雇われることになった。三か月ほど過ぎた頃、この将校が北部のカチン州ミッチナーへ転属となり、ラ・ミンは是非同行して欲しいと依頼された。

「私はこの将校が嫌いではなかったので、彼と一緒にサガインを後にしたのですが、出発後三日目にマラリヤの高熱で苦しみ始め、両親の家へ戻ってしまいました」

ミッチナーは間もなく大激戦地となって、日本軍は全滅に近い大打撃を受け、この将校も戦死してしまった。

「私はマラリヤのお陰で命拾いをしたわけです。人間の運命は本当に不思議なものですね」

彼は感慨深げに話すのであった。

一九四四年の中頃から、勢力を盛り返した連合軍の空爆でサガインは大被害を蒙り、危険で町には住んでいられなくなった。対岸のマンダレーは更に悲惨な状況だと聞く。ラ・ミン一家は山の中の僧院へ避難した。

ビルマでは、多くの僧院が希望する人々をいつでも無料で泊めてくれる。その上、宿泊人は近所の信者が寄進して置いてゆく材料を自由に使わせてもらい、僧院の別棟の厨房で調理して食べることが出来るのである。戦争中、この風習のお陰で、町から避難して来た人達が、どれだけ各地で助けられたことであろうか。

日本軍はインパール作戦の失敗後、全般の戦況も日一日と厳しくなり、連合軍に追われて敗走を続けるようになった。

一九四五年四月、ついに英軍がサガインへ戻って来た。日本軍はその直前に全員町を去り、南へ向かって散って行った。しかしラ・ミンは、ビルマ語の上手な日本兵が十二、三人、土地の人になりすましてひそかに残留しているのを知っていた。

「その人達は何回か私の家へやって来ました。でも両親は少しもあわてず、彼等をビルマ人として扱い、心をこめて食事を用意し、一緒に食べたのです」

この兵隊達も終戦後、いつの間にか姿を消してしまった。

「どこへ行ったのか全然わかりません。もしかすると、今でもあの中の何人かはビルマ女性と結婚して、どこかの町か村で生きているかも知れませんね」

ラ・ミンの顔が心なしか曇った。

終戦後、ラ・ミンは小学四年生に復学し、サガインの中学を卒業した。

「丁度その頃、私は英国人が日本の捕虜を使って、空爆で破壊された道路や鉄道の修理をさせているのを見ました」

彼は私に対して少し気の毒そうな表情をしながらあたかも報告するかのように話した。

一九四八年一月、ビルマは完全に英国から独立し、国内には新しい風が吹くようになった。ラ・ミンも希望に胸をふくらませてラングーンの高校に入学した。

「高校二年の時、遠洋航海でラングーンに立ち寄っていた海上自衛隊員二人と、映画館で会いました。久し振りに日本語で話が出来て、とてもうれしかったです」

と彼は言うが、当時まだ自衛隊は存在していなかったから、おそらく商船大学か水産大学の実習生と言葉を交わしたのだろうと思われる。ともかくラ・ミンは余程日本語が好きだったに違いない。好きなればこそ、このような機会も逃さず努力を重ねて、かなり難しい日本語の表現を習得出来るようになったのであろう。

彼は高校を卒業すると、政府所属の釈尊僧房会に入会し、書記として働き始めた。当時の首相、ウー・ヌーは熱心な仏教徒であった。国外の仏教にも関心を持っていた。ラ・ミンが僧房会の仕事にたずさわっている間に、ウー・ヌーが招いた日本の僧侶十五、六人のための通訳を上司から命じられた。二年間に亙って、彼等とビルマ各地の僧院を訪問し、宿泊しながら共に歩いたのは、忘れられない想い出となり、日本語も急速に上達した。

一九五八年、この僧侶達の紹介で、ラ・ミンは日本工営に通訳として入社し、ロイコーの発電所で初めて電気関係の仕事についた。更に一九六二年にはビルマ国営電力会社に転職し、送電線の工事に従事するようになった。一九七〇年、社員の中から選ばれて、JICA（国際協力事業団）の前身であるOTCA（海外技術協力事業団）に招かれ、コロンボ・プラン研修生の資格で渡日して六か月間、送電線の勉強をした。この年は丁度、大阪で日本万国博覧会が開催されて居り日本中が沸き立っていた。彼はこの半年間の滞在中、日本の敗戦からの目ざましい復興を眼の辺りにし、国民が希望に燃えて各自の仕事に打ち込んでいる姿を、心から羨ましく思ったという。そして、この国へますます好意を持つようになったという。

再び祖国の国営電力会社に戻ったラ・ミンは、日本で学んだ最新の技術を買われて、プローム

ウー・ラ・ミン夫妻と著者　シャン州カロー、夫人経営のティ・ハウス前（94年８月）

やトングー等各地で送電線工事にたずさわった。

彼は帰国後間もなく、カロー出身のタン・インと結婚し、今日までに一男二女の父となっている。一九九〇年に退職し、カローに土地を買い求めて家を建て、現在に至った。

「目下、仕事を捜しているのですが、なかなか思うようには見つかりません。それでも今のところ、私の年金と、家内と娘がやっているティ・ハウスの収入で何とかこの程度の生活は続けているのですが、物価がどんどん上がるので、楽ではないのです」

この国の現在の苦しい実情である。

日本語の先生としてのラ・ミンは残念なことに漢字の読み書きが殆ど出来ない。しかし折角会得したヒヤリングの能力と達者な会話力は、いつまでも保って欲しい。一人でも多くの生徒が来てくれるようにと、私は絵入りの日本語会話の本をプレゼントした。

いとまを告げる前に、

「ラ・ミンさん、日本にとっても英国にとっても、悲しい空しいものに過ぎなかったあの戦争は、戦場となったビルマにとって一体何だったのでしょうか」とたずねると、

「子供でしたからね。当時は政治のことは全然分かりませんでした。たしかに日本の侵攻と連合軍の反撃で、私の国は二度も戦場となって大きな犠牲を払いました。でも今考えてみれば、日本が作ってくれた『ビルマ独立義勇軍』（ＢＩＡ）《一三五頁参照》は後の『ビルマ国軍』のもとになったわけですね。そのことは、アウン・サンが苦心して英国から勝ち取った独立へのきっかけと力になったと私は思います」

「そうですか」

相槌は打ったが、日本人の私に気を遣っての答えだということが痛い程分かる。

「それでは、現在のビルマ政府をどう思われますか」

聞きにくい質問を敢えてしてみた。ラ・ミンは少しの間ためらっていたが、

「大きい声では言えませんけれど、国民にとって余り有難くない政府なのです。せめて自由にものが言えたり書いたり出来る国になって欲しいですね」

と、今度は本音で答えてくれた。そして、

「お姉さん、何とか日本が動いて、私の国の政府にデモクラシーを教えてやって下さいよ」

と哀願するような口調になった。信頼してくれたからこその言葉なのに、このお姉さんは力になれる当てもなくて、

「そう出来るといいのですけれど……」

と消え入りそうな声で答えるのが精一杯だった。

カローの未亡人

シャン州南部のカローという町には友人が何人かいるので、ビルマ滞在の折には必ず訪れることにしている。

ヤンゴン（ラングーン）から国内線を利用してヘイホーまで飛び、タクシーで小一時間走ってもよいのだが、私は大抵ヤンゴンで運転手つきの車を借りて、陸路六百六十キロを丸一日かけて北上する。

夜明け前にホテルを出発し、次第に明るくなってゆく東の空を眺めながらペグー街道をひたすら走る。道の両側は青々とした水田がしばらく続き、昼過ぎにはいつの間にか綿畑に変わる。更に進むとやがて低い高原に入り、車窓からの景色は灌木の茂みとなる。まだ夕陽が輝いている頃、メィッティラの町で右折する。ここからはシャン高原に広がった平地に細い真っ直ぐな道が東へ延びている。一時間程走ると徐々に上り坂になり、いつしか鬱蒼《うっそう》としたジャングルの山道に変わって人里からは完全に離れてしまう。無数のピンカーヴを二時間余り揺られて、上がったり下がったり幾つもの峠を越えると、ようやく夕闇に包まれたカローの町に着くのである。

走行中、変化する風景を眺めつつ通り過ぎてゆく数々の町や村の人々の生活を観察するのは興味の尽きぬことである。又、朝食、昼食、お茶などを運転手と共に各地の食堂や屋台でとるのも車の旅ならではの楽しみと言えるだろう。

一九九三年八月、雨季のさなかであったがカローに四、五日滞在した。この町は英国植民地時代にイギリス人が避暑地として造成した部分が多く、今でもどこか西洋風にあかぬけた風情が残っている。シャン高原の小高い山に囲まれた緑の盆地に人々は平和な生活を営んでいる。町はずれの丘の松林の中には、カトリック教会や尼僧の修道院がひっそりと建っている。

私の常宿はこの松林の裾に広がった台地にあるカロー・ホテルなのだが、本館は昔イギリス人が建てたというバンガロー風のしゃれたたたずまいである。この棟の二階には客室が十数室あって、私は大抵東南の角にある一番よいとされている部屋を与えられる。窓にはクリーム色のレースと茶色の厚手のカーテンが二重にかけられている。やたらに広い寝室には緑色のベッドカヴァに覆われた二台のシングルベッドが間隔をあけて並べてある。壁側には、たたんだティッシュペーパーを挟まないと戸が開け放しになってしまう大きな洋服だんすがあり、窓際には古びた机と椅子が備えてあって、机上にお湯の入った魔法びんがコップと共に置かれている。ベッドの傍の籐椅子は座るとギィギィ音がする。洗面所には浴びている最中に時々水になってしまって大いにあわてさせられるお湯のシャワーがあり、古色蒼然とした水洗トイレもある。一階はフロント、ロビー、バー、食堂、キッチン、職員控え室等で占められている。

門から玄関までの広大な前庭には、二面のテニスコートを囲んだ花壇に色とりどりのダリア、アスター、ひなげし、マリーゴールドが植えられ、コートのフェンスにオレンジ色ののうぜんかずらが巻きついて咲き乱れている。

町にはプロテスタントの教会もいくつかあって、何年か前のクリスマス・イヴに滞在していた時には、夜になるとホテルの食堂に幾組かのキャロリング・グループが代わる代わるやって来て、泊まり客を楽しませてくれた。五色の豆電球が点滅する樅の木を背に、英語で歌われる混声三部合唱のクリスマス・キャロルに耳を傾けていると、いつしかここがビルマのシャン州だということを忘れてしまいそうになるのであった。

このカロー・ホテルのフロント係りの一人に、長い黒髪をさらりと背に流した目もとの涼しい女性、トウェ・トウェ・エイがいる。細身で背が高いから制服のブルーのロンジーと白いブラウスがよく似合う。十数年前、まだ結婚したばかりの彼女と初対面の時から何となく気が合って、仕事の手が空いているとロビーでよくおしゃべりをした。カローへの訪問が度重なるにつれて親しさを増し、日本語の勉強がしたいと聞けば易しい入門書や自習用テープを届けたりもした。彼女の方も仕事の休みの日には私の車に同乗して近郊を案内したり、友人を何人も紹介してくれて私のカローでの交友関係は広がって行った。

　彼女の夫、セイン・ミョウ・アウンは同じホテルのバーテンダーをして居り、ハンサムで心やさしい若者である。夫婦の間には可愛らしい娘が二人あり、ビルマ名の他に「のぞみ」「わかな」という日本名を日本の友人につけてもらって大喜びしている。ここ数年は私がホテルに滞在中、自宅の昼食に招かれるようになった。

　カローのような地方小都市では、外国人が宿泊する一級とされるホテルのフロント係りやバーテンダーは、高等教育を受け家柄もよい男女の就職先と考えられていて、この夫妻も町の人達から一目置かれているように見受けられる。

　夫妻の住まいはホテルから歩いて七、八分のカロー駅の近くにある。この町では際立って立派な石造りの英国風の構えである。前庭の灌木の間には鳳仙花《ほうせんか》が風に揺れ、広い裏庭は野菜畑である。セイン・ミョウ・アウンの父は既に亡くなって居り、未亡人となった母のエイ・プウィンは彼等夫婦一家四人と、未だ独身の長男及び三男、五男と共にこの大きな邸に住んでいる。

　エイ・プウィンには食事に招かれる度に会って居り、「お差し支えなかったら戦争中の体験を伺わせていただけないでしょうか」と何度か意向を聞いてみたのだが、いつも恥しそうな表情で首を横に振るのであった。ところが今回は思いがけずも彼女の方から、「もしお役に立つなら……」と申し出てくれたのである。度々食事を共にするうちに親しみを感じて、話をしてみようかとい

ドオ・エイ・プウィン　シャン州カローの自宅にて（94年8月）

う気持ちになってくれたのであろうか。私は嬉しかった。

七十二歳の彼女は小柄でほっそりしているが、愛らしい丸顔には常に温和な微笑がたたえられている。ビルマでは高齢の女性でもかなり華やかな色合いの衣服をまとうことが多いのだが、彼女はいつも地味なロンジーに白か淡い色の無地のエンジーで万事控え目である。

三十畳程の大きな広間の中央が奥へつき出たダイニング・コーナーで昼食をご馳走になった。トウェ・トウェ・エイ夫妻の手作りのビルマ料理の煮物や揚げ物、庭でとれた新鮮なトマトときゅうりのサラダ、白いご飯に私の大好物のバラチャウン等、心のこもったもてなしであった。食後のミルクティを手に、広間の右手のソファに座を移してエイ・プウィンの話をきくことになった。ところが彼女は英語を話さないし、私のビルマ語は片言で役に立たないため、長年高校の英語の教師をしていたという長男、セイン・ラ・アウンが通訳を買って出てくれた。

「一九四一年十二月八日、太平洋戦争が勃発したのですが、その頃どちらにお住まいでしたか」という質問からインタヴューは始められた。

エイ・プウィンは当時カローから三キロ程離れたロイン・アン村（現在のイン・ピン村）に両親と住んでいたという。父は地主だった。彼女は丁度二十歳で母の家事を手伝っていた。

開戦当時、村人はよもや自分の国がこの戦争にまき込まれるとは思ってもみなかったそうだ。しかし十二月下旬に繰り返された日本陸軍によるラングーン空襲のラジオ放送に驚き、年が明けると間もなくタイ国境から日本軍が国内に侵攻、更に三月中旬には首都ラングーン陥落のニュースが届くと、さすがに全村が不安にかられて緊張した。更にビルマ独立義勇軍（ＢＩＡ）が編成されて、英国から独立を勝ち取るために日本軍に協力して英軍と戦っているという噂も伝わってきたのだが、この頃村人には未だ何のことか皆目理解出来なかったそうである。四月以降、破竹の勢いで日本軍が北上し始めると、シャン州でも英軍が次々とインドへ引き揚げてゆき、ただならぬ気配がみなぎり始めた。しかしロイン・アン村はその後も一応平穏な日々が続き、日本の部隊が進駐して来たのはようやく一九四三年に入ってからのことだった。

当時、伯父ニュンがロイン・アン村の村長をしていたのだが、彼は沖という司令官と上手につき合っていたため、村人と日本軍との摩擦はほとんど発生することなく、軍票への切り替えも順調に終了した。

村の主な産業は農業であったから食糧には困らなかったが、衣料不足になやまされた。折にふれては美しいロンジーを新調するという娘達の唯一の楽しみは奪われてしまったし農民は野良着に不自由した。インドからの綿糸や綿布が入って来なくなったからである。

一九四四年七月、エイ・プウィンは伯父、ニュンの紹介とすすめにより、タァ・タァという青年と結婚した。彼は戦前からラングーンで日本の商社「日綿」の現地職員として働いていたのだが、一年前にカローの支店に転任して来たのである。

二人はロイン・アン村で新所帯を持ち、夫はカローまで徒歩で通勤した。

「わたしは夫の勤務先が日本の商社だということで急に日本と日本人に親近感を抱くようになりました。彼に『日本が授けてくれたお陰で去年バ・モオ政権が成立し、ビルマは独立国になったのだ』と聞かされると、その通り信じました」

彼女は広間の隅にあるテレビの前で騒ぎ始めた二人の孫達を、手でやさしく制しながら話をすすめてくれる。しかし乍ら「独立したのだから、もう平和が訪れたのだ」という彼女の安心感は間もなく裏切られてしまった。結婚して一か月もたたないうちに、反撃に出た英軍の空爆が始まったのだ。カローの中央市場は焼け落ち、民家も商店も甚大な被害を次々とこうむった。ロイン・アン村は、五、六日おきの機銃掃射にさらされて、平和どころか戦場と化してしまったのである。急降下して来る戦闘機の狙い撃ちは血も凍るような恐しさで、空襲の度に既に長男を宿していたエイ・プウィンは、おなかをかばいながら庭の防空壕に飛び込んだ。

カローの「日綿」の建物は幸か不幸か未だ無事だったので夫は通勤を続けた。途中で小型機の機銃掃射に狙われないかと気をもみ、

「爆撃機が頭上を通ってカロー方面に向かうと、今日こそ夫の会社がやられるのではないか、と生きた心地がしませんでした」

彼女は毎夕、彼の無事を祈りつつ帰宅を待ちわびて門前にたたずんだという。

一九四五年が明けて空襲は益々激化し熾烈を極めるようになると、ロイン・アン村の日本軍は一か月位かけて一個小隊ずつ徐々にしかし整然と退去して行った。どこへ向かったのか知る由もなかった。三月末、アウン・サンの率いる国民軍が日本軍へ反旗をひるがえして英軍に寝返ったというニュースが遅れて伝わってはきたが、村では既に日本兵も居らず、何の事件も起きなかった。

しかし、日本軍の姿がすっかり消えると今度はインパールやカチン州で敗退した日本兵が北西部から逃げて来て、ロイン・アン村を通って南下して行くようになった。生き延びるための手段

ではあったが、この兵士達が所かまわず食糧や物品を略奪しながら通り抜けて行くので、村人達は空襲に加えて新たな危険にもさらされることになってしまった。

そこで、全村民約一千人が一キロ半程離れた山中のジャングルに移動し、昔からあった大きな三つの洞窟内に隠れ住むことにした。食糧は各家で出来得る限りの量を運び込んだのだが日がたつにつれて乏しくなり、気持ちもすさみ始めた。エイ・プウィンは日毎に大きくなるおなかをかかえて初めてのお産を心配しながらも何とか洞窟生活を続けた。

四月になると、英米軍がカローに進駐しビルマは再び英国の統治下に入ったという報が入ったが、村長は用心して数人の村人と共に自ら村の安全を確認した後、全員を帰村させた。ところが三か月振りに帰ってみると、どの家もあらゆる物品が盗まれて居り、家屋も大半が破損してしまっていた。そのため村人はその後の数か月、必要品を整えたり建物の修理に四苦八苦した。農民は荒れ果てた畑の手入れと、連れ去られてしまった牛馬や羊の再入手に奔走しなければならなかった。

エイ・プウィンはこのような状態の中ではあったが、四月末に無事長男を出産した。両親は初孫を得て満足し、夫も心から喜んでくれた。しかしカローの「日綿」は一家の避難中に自然消滅して居り、夫は失職してしまったのである。幸い間もなく米軍の事務員の職を得て、再びカローへ通勤するようになった。

八月中旬、夫と彼女は日本が連合軍に全面降伏したというニュースを複雑な気持ちで聞いた。

一九四八年一月、ビルマは英国から真の独立を得た。しかし、独立と同時に米軍が去ったので夫は再度職を失ってしまった。

一九五〇年、ようやく地方公務員として道路関係のプランニングの仕事に就くことが出来たので、一家は思い切ってロイン・アン村からカローへ引越して来た。現在の家はその時入手したものである。数年後、夫は国軍に籍を移し、軍属としてエンジニアリングの部門で働いていたが一九八八年急逝した。

エイ・プウィンは夫との間に六男一女をもうけ、カローに移ってからは落ちついた幸せな日々を過ごしてきたという。

「日本はあなたのお国に随分ご迷惑をおかけしてしまいましたね」と思わず詫びる私にエイ・プウィンは変らぬ穏やかな微笑をたたえつつ、

「どうして人間は戦争をするのでしょう。平和が一番ですね」

と優しいまなざしを向けるのであった。彼女の遠慮がちなこの言葉は私の胸に重く響いた。

今日、美しいカローの町に戦いの跡はどこにも見られない。しかし、このもの静かな老婦人の心の奥には、今でもぬぐい去ることの出来ない痛みとして戦場となったこの地の想い出が残っているのではないだろうか。

Ⅱ

女性村長

一九九五年の春、思いがけず茨城県つくば市で、戦時中バセイン市郊外のカントンズィン村で村長をしていたビルマ婦人に話を聞くことができた。彼女はドオ・タア・タアと言い、八十三歳とはとても見えない堂々とした体格の、澄んだ眼を持つ上品な女性である。今日まで三十年間英国に住んでいるのだが、たまたま筑波大学大学院に留学中の姪、マ・スウ・スウのもとに、二、三か月の予定で遊びに来ているところであった。

七分咲きの桜の花に彩られた筑波大学構内の寮にはじめて訪ねた時も、葉桜になった二回目の訪問の折にも、ロンジーにセーター姿のドオ・タア・タアは、流暢な英語で私の質問に答え、また問わず語りに若き日々の思い出を次々と語ってくれた。

一九一三年、ドオ・タア・タアはイラワディ・デルタ地方の南西にあるバセイン市で生まれた。父、ウ・チッ・トゥエはモン族（ビルマ少数民族の一つ）の出で、モールメイン市の熱心な仏教徒の家庭に二人の兄と一人の妹と共に育った。彼は地元のジャトソン中学を出ると、ラングーンの英国バプティスト高等学校で教育を受け、卒業後二十代前半でクリスチャンに改宗した。そのため故郷に戻りづらくなったこともあって、そのままラングーンで公務員の職を得た。間もなくウー・チッ・トゥエは従妹のドオ・マ・マと結婚し、長男出生後バセイン市に移り、この地で長年アメリカン・バプティスト系のミッション・スクールの校長を勤めた。十一人の子供に恵まれ、ドオ・タア・タアは上から四番目である。母は彼女が生まれるとすぐクリスチャンに改宗し、以後一家全員がキリスト教に帰依した。

ドオ・タア・タアはバセインで中学を、ラングーンで高校（ケメンダイン女子高校）を卒業後、一九三六年英国国教系の聾啞学校付属の教師養成専門学校に入学し、四年間聾啞教育の訓練を受けた。この付属専門学校は一九二〇年、ミス・メアリー・チャップマンにより創立され、バイブル・チャーチメン・ミッショナリー・ソサエティが経営していた。

高校時代は、既にラングーン大学を出て社会人になっていた上の兄のところに住まわせてもらっていた。途中一年間、母の病気の為バセインに戻ったが、その後は順調に学生生活を送った。

兄は時々、会員になっていたＹＭＣＡ（基督教青年会）の会合に彼女を伴い、友人達と宗教、政治、人生などについて共に語り合った。青年達とのディスカッションはうら若いドオ・タア・タアに大きな刺激となり、クリスチャンとしての信仰をますます深めると同時に、これからの一生を恵まれない人々の為に捧げようという堅い決心をさせたのである。

ＹＭＣＡは、もとより若い男性の集まりであるから、そこへただ一人女子高校生が仲間入りをしたということは非常に珍しくもあり大いに歓迎された。兄が常につきそってくれてはいたものの彼女に興味を抱いて近づいてくる青年が多々あった。しかし、将来の夢に燃えていたドオ・タア・タアは安易に恋愛には関心が持てず、個人的交際を求めてくる男性には相手の気持ちを傷つけないように丁重にことわっていた。

ところが兄の親しい友人の一人で、ＹＭＣＡの会合の折に常にごく自然な形で彼女の言動をささえ、陰日向なく力になってくれる青年がいた。ウー・ラ・ティンである。彼は当時、高等裁判所で裁判官の秘書をしていた。ドオ・タア・タアは何故か彼とだけは安心して友情を保つことが出来た。ウー・ラ・ティンは折々、兄の家にも訪ねて来て三人で楽しい夕べのひとときを過ごすようになった。彼は近いうち、国の為に英軍に入る決心をしたと述べ、彼女は聾唖教育に身を捧げたいと告げて互いに励ましあった。

兄は二人を静かに見守っていてくれたが、ドオ・タア・タアが聾唖学校付属の教師養成学校へ入学した時、「ウー・ラ・ティンと婚約してはどうか」と聞いた。「彼は信頼出来る青年だし、実

Aug 10 '99
マンダレーの裏通り

は彼の気持ちも聞いてある」と言う。ウー・ラ・ティンは「自分も長い間望んでいたのだが、これから軍隊に入ってしまうし、家庭の事情もあるので結婚は何年先になるかわからない為プロポーズ出来ないでいた。ドオ・タア・タアさえそれでもかまわないと言ってくれるならこんなうれしいことはない」と答えたそうだ。彼女はウー・ラ・ティンのことをもう一人のお兄さんのような気持ちで接してきていたので、兄の突然のことばにいささかあわてた。

しかしよく考えてみると、ウー・ラ・ティンは常に彼女を単なる女性としてではなく、一人の人間としてつき合ってくれているので、彼なら自分の一生の仕事にしようと思っている聾啞教育に生涯理解をもって協力してくれるであろうし、一方彼の故郷サガインで貧しい牧師夫妻の両親のもとにいる大勢の弟妹の面倒をすべてみようと決心している家族思いの心情に対して深い尊敬の念を抱いていたので、素直な気持ちで承諾した。やがてウー・ラ・ティンから直接プロポーズされ、それを受けて二人は晴れて婚約者となった。彼女が専門学校の寮に移り住んでからも彼は時々訪ねてきて、将来の夢を語り合って幸せなひとときを過ごすのであった。しかし、一九三八年ついに彼は英軍に少尉として入隊し、ラングーンを離れて国内を転々と移動するようになり、二人は手紙でしかお互いの様子や気持ちを伝え合うことが出来なくなってしまった。

ところで、当時、彼女の入ったこの専門学校は教師養成の訓練を受ける者が三名、聾啞学校の教師二名、学生二十名余という至って小規模な教育施設であったから、教授法学習中のドオ・タア・タア達三名も現場を手伝う形で実習した。

無事卒業して正規の教師になった翌年、一九四一年十二月八日太平洋戦争開戦。早速十二月二十三日に二回、二十五日に一回と続けて首都ラングーンは日本軍の空襲に見舞われた。

聾啞学校は市の中心からは多少はずれてはいるものの、タンクロードという大通りに面し、外務省の隣という目立つ場所にあった。幸いこの三回の爆撃の難は逃れたが、これから先、耳の聞こえない子供達の教育をこの場所で続けることは非常に危険である。緊急会議の結果、親のある学生は親元に帰し、残った孤児十人をドオ・タア・タアを含む教師三人が伴って、北ビルマ、カチン州のモニン・モガウンという町へ急いで疎開することになった。ここにはバイブル・チャーチメン・ミッショナリー・ソサエティの本部があり、一行はそこの教会内に寝泊まりさせてもらったのである。

翌一九四二年一月には、日本軍の北ビルマへの侵攻を予測して、ブリティッシュ・ミッションの英国人は全員インドへ引き揚げてしまい、モニン・モガウンの本部はビルマ人教師と学生のみという状態になった。

四月三日、ドオ・タア・タアは教師一同の俸給を受け取りに行く役目を与えられて遠路マンダレーまで出向いた。しかし目ざす銀行は閉鎖されていて目的を果たすことができなかった。しかたなく、泊めてもらうことになっていた市内の友人宅で休んでいると、夕方まだ明るいうちに突然日本軍の空襲が始まった。マンダレーの町は無数の焼夷弾で炎に包まれ、一時間足らずの間に主要地区は殆ど壊滅してしまった。

ドオ・タア・タアは裏の防空壕に逃げ込む暇もなく、室内で頭を手で押さえて伏せていた。恐ろしさで何も考えられない。気がつくと火の手が迫っていて、友人や近所の人々と無我夢中で数百メートル先のミッション・スクールの構内に逃げた。たまたまこの学校の校長は彼女の婚約者の姉であったので、急に飛び込んだのに非常に親切にしてもらった。あとから逃げて来た人々の話によると、ドオ・タア・タアが休ませてもらっていた友人宅の裏の防空壕は直撃弾を受けて、中にいた人達は全員即死してしまったのだそうだ。彼女は壕に逃げ込む暇がなくて命拾いをしたわけである。

このミッション・スクールで数時間すごした後、幸い車の手配がついたので河向こうのサガインへ行った。ここには婚約者の両親の家があり、五月まで滞在させてもらった。サガインはイラワディ河を見下ろす丘陵に広がる町で、白いパゴダが緑の斜面に静かに点在する。五月末、気にかかっているモニン・モガウンの教会に帰ってみると誰もいないではないか。危険が迫っていると判断した教師と学生は北方の山中へ逃げて行ったのだと人々に告げられた。途方にくれてサガインへ戻り、再び婚約者の両親に世話になった。

六月に入って間もなく、山中へ避難した教師の一人が三人の学生を伴って自分の故郷のヘンザーダへ帰ったという情報を入手した。そこでドオ・タア・タアも帰郷を決心し、先ずラングーンへ行き、一か月間友人宅ですごした後、七月に入ってから船でバセインの自宅へ戻った。直接故郷に帰るのには交通機関の乱れが多かった上、日本軍政下、ラングーンからバセインへの陸路の旅も難しかったのである。八月にヘンザーダへ赴き、同僚が世話をしていた学生の一人、インド系の十歳の少女をあずかってバセインへ戻り、少女の親戚を探し出して引きとってもらった。

一九四二年七月から連合軍の爆撃が激しくなり、バセイン市は次々と被害をこうむる。この頃、ドオ・タア・タアは市内の病院でYMCAの人達と共にヴォランティアとして働く。薬が不足していて医師も患者も非常に惨めな状態であった。この病院には負傷した英国兵も何人か運び込まれていた。彼女は日本人の患者と同じように一生懸命彼等の面倒をみていると、どういうわけかすぐ配置換えをされてしまう。空襲は恐ろしかったが、病院の屋上に大きい赤十字の旗を掲げてあったので直撃は免れた。

父母とドオ・タア・タア達家族はバセイン市郊外五キロ程のカントンズィン村に住んでいたのだが、日本軍侵攻後、間もなく家の向かいのポンジー・チャウン（僧院）が憲兵隊に接収された。僧侶達は強制退去を命じられ、別の村の僧院を頼って出て行った。信心深い村人にとっては至って心細いことである。数日後の深夜、このポンジー・チャウンから恐ろしい悲鳴が何時間も聞こえ、そしてそれが毎晩続くようになった。憲兵達が何者かを代わる代わる連れて来ては拷問にかけているのだ。連行されてきたのがビルマ人かイギリス人かわからない。こわくて誰ものぞきに行けないのだ。

この夜な夜なの悲鳴で、近くの村人もドオ・タア・タア一家も安眠出来なくなってしまった。ことに、ひよわな母は全くの不眠状態が続いて、ついにノイローゼとなり、あらぬことを口走るようになったので、父はとうとう引越しを決心する。たまたまその頃、家の近くに諜報機関と思われる本城機関と称する建物が出来た為、連合軍の空爆の目標にされる恐れがあるという表向きの理由を掲げて、バセイン市の河向こうにあるトゥドオゴオン村へ疎開することにした。この村はカレン族（ビルマ少数民族の一つで基督教徒が多い）を主とするインド人と中国人もまざった十数家族の小集落で、全員クリスチャンということもあり一家は安心して仲間に入れてもらえることになったのである。

ところが引越しの直前に本城機関の人がやって来て、父にカントンズィン村の村長になってくれと依頼した。当時父は校長をしていたミッション・スクールが閉鎖されてしまって無職ではあったが、少々体調をくずしていた上、疎開する為に一家の指揮を取らねばならず、とても村長の役を果たせる状態になかった。ドオ・タア・タアは本城機関がこのようなことを言ってくるのは、二人の兄と婚約者を英軍に入れている自分達一家をスパイではないかと疑って監視下に置きたがっているのだと直感した。父を人質にとられては一大事だと思った彼女は、とっさに自分が父に代って村長になってもよいかと申し出たところ、家族の一人を押さえておきさえすれば娘でもかまわないと判断したのであろうか、案外簡単に受け入れられてビルマでも珍しい女性村長が出現した。

父母と家族は早速トゥドオゴオン村へ引越して行き、ドオ・タア・タアはその引越し先からカントンズィン村の本来の自宅へ毎日村長として通勤することになった。というのは自宅で村役場の仕事をしてもよいと言われたからである。

村長をひきうけたドオ・タア・タアは当時二十九歳。婚約はしているが、未だ独身である。ビルマの未婚女性は名前の前に「マ」をつけて呼ぶ習慣なので、その頃彼女は「マ・タア・タア」であったのだが、敢えて本城機関の人々や村人に「マ・マ・タア」と呼ばせることにした。「マ・マ」とは「姉さん」という意味、即ち「タア姉さん」というわけで、「マ・タア・タア」より親しみのある年長者への呼びかけというニュアンスがある。彼女は本城機関の人達や村人に、若い女性村長だからといって馬鹿にされたくなかったのだと説明した。

本城機関は村長への報酬として相当額を申し出てきたがドオ・タア・タアはきっぱり断った。ことの成り行き上、機関に協力はするが、やとわれるのは真平である。クリスチャンとしての人道的観点から、彼女自身が必要と判断する仕事は敵味方の区別なく全力を投じて行うが、納得出来かねることまで報酬にしばられてやらされる事態が起きないように、ここで断固とした意志表示をしたつもりであった。

本城機関は村役場であるマ・マ・タアのところから歩いて二、三分の場所にあった。三十代に見える本城をトップに佐藤とあと二人、総勢四人のメンバーである。軍服は着用していなかったが文官なのか実際は軍人だったのかマ・マ・タアには分からない。しかし、村役場の裏にある騎馬小隊や、バセイン市内のあちこちに駐屯する小隊や中隊の軍人達が皆この本城機関に一目を置いていたのは確かであるから、相当の権威のある存在であったのだろう。実際、市内の軍人や兵隊がたまにマ・マ・タアの村役場にやって来て、文句を言ったり頼みごとを申し出たりした場合、前以て言われていた通りに「本城機関へ行って許可を得て来て下さい」と言うと彼等は素直に出て行き、問題は起きなかった。又、本城機関の情報の把握は正確で、連合軍のバセイン空爆がある時は必ず事前にマ・マ・タアに報せてきた。

本城機関は村役場に二人のインド人の男性を使用人としてつけてくれた。マ・マ・タア村長は、先ず彼等に六エーカーもある裏庭に野菜畑を作らせ、鶏も沢山飼わせた。彼女のこのアイディアは大成功であった。間もなく本城機関を通して日本軍から食料の要望がたびたび来るようになったが、即座に新鮮な野菜と卵を供給出来て満足してもらえたのである。

マ・マ・タアは村役場である自宅には宿泊せず、毎日河向こうの父母の家から出勤した。四時起床、河まで歩いてフェリーで対岸に渡り、更に徒歩でカントンズィンの村役場まで三時間近くかけてかよった。七時には役場で仕事を始める。特別なことがなければ通常午後二時に仕事を終え、行きと同じやり方でトゥドオゴオンの家へ帰る。通勤途上の安全の為に、父母の許にいる直ぐ下の弟と使用人のボーイを必ず同伴して行き帰りした。彼女の主な仕事は、日本軍政下でも村人が平常通りに安心して働けるように、本城機関と村人とのコーディネーター（調整役）の役目をすることであった。仕事がない日は、かねてからヴォランティアで通っていたバセイン市内の病院へ手伝いに出かけたが、本城機関は反対しなかった。

ある日、ネズミ退治の命令が出た。村人は野ねずみの被害などごく当り前と思っていたのだが、本城機関はペストその他の病気の伝染源として恐れ、ねずみ駆除に乗り出したのである。早速バセインから長越という衛生兵がマ・マ・タアのところへ大量のマッチの小箱を持ち込んだ。彼の説明によると、先ず村人にねずみをなるべく沢山捕獲するように命令を出す。捕まえたねずみを村役場に持って来させて、一匹につきマッチ二箱ずつ渡してやれというのだ。

直ぐ村人達にその旨を伝えると、彼等は続々とねずみの死骸を役場に持ち込み、各自、匹数に応じた数のマッチをもらって大喜び。村人達は大いに張り切ってねずみ退治に専心したので、役場の前は死んだねずみの山が出来、マッチは忽ち底をついてしまった。マ・マ・タアは本城機関に追加を頼んだ。再び長越衛生兵がやって来て、実は診療所の手許のマッチも不足してきたので、今後はねずみ一匹にマッチ一箱にするようにと申し渡した。ところが彼女が命令通りに一匹につき一箱のマッチを渡しはじめると、村人達はマ・マ・タアが自分の懐に入れているのだと勘違いをして怒り出し、大騒ぎになってしまった。途方に暮れた彼女はみたび長越衛生兵をわずらわせ、彼から直接村人達へ事情を説明してもらって、ようやく一件落着した。何百匹ものねずみの死骸は、遠くの空地で焼却した。

バセイン市内には、日本軍の医療機関があったが、毎週日曜日にここから軍医がカントンズィン村に出張して村人を診てくれるようになった。マ・マ・タアはその日には病人や怪我人を役場に集めて治療してもらうようにしたが、毎回来る岸原軍医は大変親切で、一人一人の面倒をきめこまかくみてくれた。この軍医はクリスチャンだったので、一九四四年のクリスマスに思い切ってマ・マ・タアの実家に招待したところ、よろこんで受けてくれたものの、当日急患が出て結局来てもらえなかった。彼はこのことを非常に残念がり、翌春のイースターに改めて訪ねて来て、マ・マ・タアや家族と一緒に沢山の賛美歌をうたった。彼女にとって、この一夕は村長時代の最も楽しい思い出として今でも胸中に残る。彼女が岸原軍医と会ったのはこれが最後となった。間もなく彼を含めた日本軍が全員バセインから引き揚げて行ってしまったからである。マ・マ・タアは今でも彼がこの日ひそかに別れを告げにきてくれたのであろうと信じている。

終戦後十年程経った頃、この岸原茂軍医から無事長崎に帰って病院を開いているという便りがあった。マ・マ・タアはそのアドレスを大切にメモしてあり、私に見せてくれた。そこで私はその古い住所を頼りに、長崎県庁を振り出しに対馬の上県《かみあがた》町の役場、仁田《にた》支所と次々に電話番号を教えてもらいながら岸原氏の消息を調べた。そしてついに仁田支所（上県町役場の出張所）の河本さんという職員が岸原氏を直接知っていたということをつきとめた。彼の話によると、帰国後岸原氏は稲北《いなきた》村で病院を開き、大変人望が厚い医者であったが一九六七年他界されたという。未亡人伸子さんは現在、長崎市内に長男伸策《しんさく》氏と共に幸せな生活を送って居られると聞く。私は早速この情報を筑波のドオ・タア・タアに電話で報せた。彼女は「やっぱり岸原軍医はもうこの世には居られないのですね。あれから五十年が過ぎたのですもの、もしか……とは思っていました。調べて下さってありがとうございました」と静かに答えた。「未亡人に連絡をとってみましょうか」と聞くと、「いいえ、折角ですが結構です」とのこと。彼女の少し押さえたような声が耳に残る。遠い昔の思い出のひとこまをそのまま胸の中に大切にしまっておきたいのであろうか。

カントンズィン村の彼女の家には疎開先に運べなかった立派な家具が沢山あった。村役場の事務所として邪魔になる大きなテーブルと椅子十数脚を向かいのポンジー・チャウンに頼んであずかってもらっていた。彼女は本城機関に、日本の軍人達がこれらのテーブルや椅子が入用な時には、前以て彼女の許可を得ればよろこんで用立てると申し出てあった。

ある朝、マ・マ・タアが出勤して来ると、彼女のテーブルが脚を短く切られて道路上にほうり出してあった。使用人に聞くと、昨夜バセインから一人の輜重《しちょう》兵がやって来てポンジー・チャウンからこのテーブルを持ち出し、何の目的か分からないが鋸《のこぎり》で脚を短く切ってしまったという。怒った彼女は早速本城機関を通してその輜重兵を呼びつけて、「私の家具を使用する時は必ず事前に許可を得るという約束を何故守らなかったのか」と詰問すると、この兵隊はやにわに腰の軍刀を抜いて彼女をにらみつけた。マ・マ・タアは一瞬血の引く思いがしたが自らを落ちつかせて「私にも軍刀を下さい。対等に戦いましょう。一方が刀を持ち、他方が丸腰で戦うのでは軍人として卑怯であり恥しくありませんか」とつめ寄ると、彼女の語気に押された彼はだまって刀を鞘《さや》におさめて帰って行った。この輜重兵はこの件に関して本城機関に諌められて反省したらしく、あとから他の兵隊に当時入手しにくかった砂糖を持たせて寄こしたが、「私は未婚女性でありクリスチャンですから、クリスマスと誕生日以外には理由なく男性から物はもらいません」と言って突き返した。使いの兵隊はすごすごと戻って行った。ところがその年のクリスマスになると、砂糖、コーヒー、オヴァルティン（スイス製粉末ミルクココア）等、当時の貴重食品が大量に届いた。今度は彼女もこれらをクリスマスギフトとして受け取り、父母の家に運んで両親と家族をよろこばせた。

残業をしていたある日の夕方四時頃、彼女のもとへ本城機関から緊急命令が来た。明日松平将軍がラングーンからバセインに来訪するので「今夜中にバナナの木を百本以上集めて将軍の宿舎の囲りに立て、空襲に備えてのカモフラージュをせよ」という。マ・マ・タアはずい分時間的に難しい命令だとは思ったが持ち前の負けん気で直ちに村人を動員し、自ら指揮をとってその夜の十時には完成させた。更に気をきかせて、米十キロ、卵二ダース、野菜、バナナ、ミルクをそれぞれ大量調達して届け、接待に奔走していた本城機関の担当者を感激させた。

翌日午前十一時、河向こうの教会を会場にして、松平将軍のスピーチを聞く会が持たれた。軍人多数、本城機関の職員全員とビルマ側も相当数が集まった。将軍のスピーチは「日本とビルマの両国は互いに隣人であるから、火事、即ち非常時には助け合わねばならない」と始まり、「ところでビルマ人は甘いものを見せれば誰にでもついて来るから子供と同じであり、手をたたいてけしかければ怒って喰いつくから犬と同じようなところがある。よく反省してもらいたい」と述べたのでマ・マ・タアの顔から血の気がひいた。ビルマ語の通訳つきであったのに、他のビルマ側の客人からは何の反応もなく、彼女は悲しかった。スピーチのあと、将軍に同伴して来た軍人で壇上に座っていた人と話をする機会が与えられた。彼は「将軍のスピーチを聞いて顔色をさっと変えたのは貴女だけでしたね。将軍はビルマの人達の自主性を知りたかったのです。貴女一人だけでも反応を示してくれてよかったと思っています」と思いがけない暖かいまなざしを彼女に向けた。

ところがその直後、松平将軍の部下の一人から「明日午前七時にバセイン市内で写真屋を営業している金剛という人のところへ行くように」と命令された。金剛写真店は戦前から有名な店であったが、一体何の用事なのか不思議に思いつつ翌朝言われた時間に出向いた。到着してみると金剛氏が待っていて「実は今から憲兵があなたを尋問することになって居り、私が通訳を頼まれているのです」という。広い撮影室に通されると既に憲兵が一人、部下を伴って来ていた。彼女は金剛氏と向き合って腰かけるように言われ、憲兵と部下は彼女の後方へ少し離れて座った。金剛氏の背後のドア越しには物見高い近所の人達が大勢のぞいている。

尋問が始まった。

問　マ・マ・タアの家族構成を述べよ。

答　父、母、兄二人、姉一人、マ・マ・タア自身、妹二人、弟三人です。但し兄二人は英軍に属していて目下インドにいます。

問　父母一家はなぜトゥドオゴオン村へ疎開したのか。

答　第一にトゥドオゴオン村はカレン人中心にクリスチャンの集落だからです。父母一家も全員クリスチャンですから仏教徒のビルマ人の中にいては時節柄スパイなどと疑われても困るので、キリスト教信者の村に疎開した方が気が楽だったのです。第二の理由はこの村の方が空爆の恐れがずっと少ないということです。第三はこの村には小さいながら村人達の手で建てた小・中学校を兼ねた教会があり、子供の教育と礼拝所にこと欠かないからです。第四には村には医者がいて病気の場合も安心なのです。

問　一家は無職、無収入でどうやって生活しているのか。
答　先ずただで入手出来る食料が非常に多いのです。米は近くの農民が供出してくれます。ココナッツの実は椰子《やし》の樹が沢山繁っていますから登って取ってくれれば不自由しないのです。野菜は各家庭で作っていますし、魚は村の真中を流れる小川でいくらでもとれます。又、あひると鶏はそれぞれの家で飼っているので、卵やとり肉には困りません。牛肉と豚肉はたまにですが農民に衣類と交換してもらいます。ほとんどの日用品も物々交換で入手して居ります。以上のような次第で贅沢は出来ませんが飢えることはないのです。
問　最近、夜中にパラシュートで降下した英軍人を見なかったか。
答　私共は日本軍が布告した戒厳令をきちんと守って居りますから、夕方六時以降は絶対に外出いたしませんし、夜は灯火管制のため村は闇につつまれて居りますので、パラシュート降下など見たくても見ることが出来ない状態です。
問　あなたは日本軍人に人気があるそうだが何故か。
答　そんなことは知りません。憲兵さんこそどうしてこんな質問をするのですか。(頭にきてどなり返した)
問　もしやあなたは日本軍のスパイになりたいと思わないか。謝礼はいくらでも出す。
答　とんでもない。絶対にいやです。私はクリスチャンであり教育者でありますから、スパイというような仕事はどんなにすすめられても出来ません。(そして心の中で叫んだ。「万一強制されて進退きわまったら寝返ってイギリスのスパイになってしまおう。死んでも日本のスパイになどなるまい」）

問　ビルマ人に日本はよい国だと伝えよ。悪事を働いたのは皆朝鮮人で日本人ではないと言え。

答　私には日本人と朝鮮人の区別が全然つきません。区別は出来ませんが日本人と朝鮮人がまざっている日本軍がかつての英軍よりよいことをしてきたのならビルマ人は何も言われないでも日本はよい国だと思います。しかし事実は全く異なります。今更「日本はよい国だとビルマ人に伝えよ」と申されても遅きに失します。

尋問はここで終わった。マ・マ・タアは言うべきことは皆述べたので気持ちがすっとした。しかし、憲兵は彼女の後方にいて直接その様子は見えないものの、ドア越しの見物人のおどおどした表情と金剛氏のあわて振りから相当怒っているのではないかと察しられる。どんな目に遭わされるのかと思っていると、つかつかと彼女のそばに歩み寄った憲兵は、驚いたことに「よく協力してくれた」と言い、ニコリともせず部下に命じてポンズの白粉と絹のロンジーとマッチの大箱をくれたではないか。彼女が即座につき返そうとすると、金剛氏が「あなたの協力へのお礼のしるしなのだから頂いておきなさい」とわきから真剣な顔つきで言う。マ・マ・タアの頭の中を昨日の松平将軍の「ビルマ人は子供と同じだ」という言葉が一瞬よぎった。しかし考えてみれば彼女は憲兵の尋問に対して終始堂々と正直な答を述べたのみで、憲兵に何か計らってもらおうなどとは毛頭思ってもいなかったのであるから、今回はこれらの品を受け取ってもよいと判断し、父母のところへ持ち帰った。

一九四四年後半、インパール作戦に失敗した日本軍の形勢は日毎に悪くなっていった。一九四五年に入るとバセイン市内の軍隊は次々と町を出てゆき、四月にはついにカントンズィン村の本城機関の人々も騎兵小隊も去ってしまった。

この頃から北ビルマの各地から敗退する日本兵が南下して来て、バセインを通過しながら東方へ移動して行くようになった。彼等は見る影もないボロボロの衣服をつけ、ほとんどの者が裸足でまともに歩く力もなかった。バセイン市民や郊外の村人達は見かねて、バナナの葉に白飯とおかずを包み、日本兵に配った。彼等は既に口もきけぬ程弱って居り、目で感謝の意を表したり、両手を合せて謝意を示し、弱々しい手を出して受け取った。これらの日本兵は恐らくバセインを過ぎて間もなく、大半が命を落としたことであろう。

一九四五年八月十五日、終戦を迎えてビルマは再び英領下の生活に戻った。一九四八年一月に英国から真の独立を勝ち取るまでには、独立の志士、アウン・サン将軍の暗殺事件をはじめとするさまざまな産みの苦しみをこの国は味わった。独立後も少数民族や共産党の反乱、革命等、多難な道を今日まで歩み続けている。

マ・マ・タアの戦後も平坦ではない。終戦後すぐにラングーンの聾唖学校に戻り、五人の教師のうちの一人として、四、五十人の学生の指導に当った。三人の教師はビルマ人で二人はカレン族であった。

彼女の婚約者、ウー・ラ・ティンは戦前から英軍に属する軍人であった為、戦争中は英軍と共にインドに行っていた。戦後もビルマ各地を転々としていた上、彼の家族の事情もあってなかなか結婚出来なかった。ようやく一九五一年、彼がラングーンに帰って来て一緒になった。十五年間も婚約していたことになる。

ウー・ラ・ティンは一九五八年、軍をしりぞいて、彼女と同じ聾唖教育に職を転じた。一九六一年、ウー・ヌ政権の時、夫婦揃ってコロンボ・プランによる英国派遣が決まった。ドオ・タア・タアはヨークシャー州のドンキャスター聾唖学校で教師生活を続け、ウー・ラ・ティンは最初の一年間はロンドンの聾唖学校で聾唖教育を学び、セント・メアリー・ホスピタルでの実習を経た後、妻のいるドンキャスター聾唖学校で教務主任を勤めた。

四年間の英国滞在を終えて帰国すると、祖国ビルマは一変していた。一九六二年、クーデターでウー・ヌ政権を倒したネ・ウィンは、「ビルマ式社会主義」を打ち出して先ずインド人と華僑を国外追放し、外国の援助を一切断り、主要企業の大半を国営化してしまった。ミッション系という理由で、ドオ・タア・タアの教えていた聾唖学校も既に閉鎖されてしまっていた。国営化はネ・ウィン政府の思っていたようにはうまくいかず、国民の日常生活は極度に不自由になっていて、英国から久々に帰国した夫婦に活躍する場はどこにもなかった。

愛する祖国に悲しいあきらめを抱いた夫妻は、再び英国に行く決心をした。ところがネ・ウィン政権は国民が海外へ出るのを嫌い、ようやく許可を得たのは種々の困難を経た後の一九六七年のことであった。

英国では旧友たちの協力でケント州のマルゲート・ロイヤル聾唖学校に夫婦揃って教職を得ることが出来、退職まで十年間楽しく働いた。この間に英国永住権も得られたので、退職後はロンドンに小さい家を求め、二人で平和な引退生活を過ごした。しかしこの幸せも一九八七年の夫の急逝で終わりを告げてしまう。七十六歳であった。子供に恵まれなかったドオ・タア・タアは、ポーツマスに近いゴスポート市に住む姪の一家に合流して、今日まで健やかに穏やかな老後を送っている。

クリスチャンである彼女は自分の一生を振り返って言う。「私は自分自身の子供を持つことは出来なかったけれども、ビルマと英国で教えてきた耳の不自由な大勢の学生を神様が全部私の子供として与えて下さったのだと思っています。日本の軍政下にあった数年間は、自分の天職と思ってきた仕事から離れなければなりませんでした。しかし日本人のよい面と悪い面の双方を知ってしまったとは言え、日本を身近な国として理解出来るようになったことはよかったと感じていま

ドオ・タア・タア
筑波大学大学院に留学中の姪の家で（95年３月）

す。私はクリスチャンとして、どこの国の人にもヒューマニズムの見地から如何なる状況下においても常に平等に接してきたつもりです。つとめて偏見を持たないように努力してきました。しかし日本の憲兵の考え方、態度、暴挙だけは今でも許す気になれません。一部の日本の軍人が学校や僧院などを接収した上、コーインといわれる見習い僧を含めて誰彼かまわず労働者として連れ去った事実や、公共の机や椅子をたたき割って燃料にしてしまったことなどは忘れることが出来ないのです」

おだやかなドオ・タア・タアの顔からいつの間にかほほえみが消えていた。

藤の花の盛りの頃に、私はドオ・タア・タアを姪のマ・スウ・スウと四歳になるその娘、インちゃんと共に、二回のインタヴューのお礼もこめて西荻窪の自宅に招いた。私の手作りの昼食をとりながらドオ・タア・タアと私の会話は大いにはずみ、この時は戦時中の話をぬきにして、キリスト教と仏教とイスラム教の比較宗教論にまで発展し、楽しいひとときを過ごした。彼女は私がクリスチャンであることを知って親近感を持ってくれたらしく、いつか是非英国の彼女の家へ遊びに来るようにと熱心にさそってくれた。

五月二十日、ドオ・タア・タアは一人で英国へ帰って行った。

私は六月下旬、所用でロンドンへ飛んだ。滞在中、言葉に甘えて彼女をハンプシャー州のゴスポートに尋ねると、落ちついた古いロンドンとは対照的に明るい海辺の新しい町で、ドオ・タア・タアと姪のバーバラはもろ手を挙げて私の訪問を歓迎してくれた。広い庭つきの快適な家の二階に一泊し、翌日ゆっくりと戦時下の話の続きをしてもらった。思いがけぬイギリスでの三度目のインタヴューで今迄聞き逃していた点を多々補足出来たことを幸せに思い、ドオ・タア・タアのあたたかい協力に感謝している。

汗の兵隊

「リンヨン・ティッルウィンさんが昨日亡くなりました」
取材旅行から帰国して四日目、インタヴューに自宅を提供し通訳をつとめてくれた友人、高橋ゆりさんからの国際電話に私は声を失った。ヤンゴンを発つ前日、親しく話を聞き、昼食を共にしたこの作家の突然の死を誰が信じられよう。最近体調がすぐれないとは耳にしていたものの、七十六歳のリンヨン・ティッルウィンはその日足取りもしっかりし、威風堂々という感じでさえあったのだから。死因は心臓発作ということだった。

一九九三年八月十五日、偶然第二次世界大戦の終戦記念日に面会の都合がついた。午前十時、私はヤンゴン郊外のティンガジュン地区まで、ゆりさんの車で迎えに出向いた。雨季のさなかであるのに、この朝は雲間からもれる南国の陽射しに道の両側のマンゴーや椰子の緑が輝いていた。

サヤー・リンヨン・ティッルウィン　ヤンゴンの高橋ゆり氏宅にて（93年8月）

リンヨン・ティッルウィンは自宅ではなく、隣接する「何でも屋」の軒下で待っていた。真白なシャツに濃紺の絹のロンジー、ビルマ式上着まで羽織った立派ないでたちである。背が高い。異常に痩せている。顔立ちは、ラホール博物館所蔵の有名なガンダーラ「釈迦苦行像」に驚くほど似ている。深い眼窩《がんか》の奥からのまなざしは、人の心をすべて見透かすかのような光を持っている。

彼は意外なことに二人の男性を同伴していた。一人は三十代半ばのエイ・チョーという弟子、他の一人は甥だと紹介されたまだ十六、七歳のアウン・ミョウ・カインであった。私はゆりさんの家に三人を招じ入れた時、「もしや、この作家はいまだに日本人に対して警戒心を持っていて、この男性二人を伴って来たのだろうか。もしそうであれば案内された場所が若い日本女性の私宅で、美しい活け花とビルマの竪琴が飾られている和やかな雰囲気にいささか拍子抜けしたにちがいない」などと内心考えていた。しかし、ゆりさんから急逝の報を受けて心から反省した。彼はおそらくその日一人で外出するには、あまりにも体調に自信がなかったのではなかろうか。そんなにまでして私のために出て来てくれた今は亡きリンヨン・ティッルウィンに申し訳なくて胸が痛んだ。

ゆりさんの家は、会田雄次の著書で知られる「アーロン収容所」跡に近いヤンゴン市内南西部の住宅地にある。彼女は当時ビルマ語の専門家として、在ヤンゴン日本大使館に勤務していた。その日は日曜日でもあり、私は十数年来の友人のよしみで彼女の協力に全面的に甘えさせてもらったのである。

リンヨン・ティッルウィンは日本の軍政下、一九四二年五月に泰緬《たいめん》鉄道の労務者募集に自ら応募し、一年半程の間、密林の工事現場を転々と移動させられ、筆舌に尽くせぬ辛酸をなめた。そしてついに命がけの脱走にふみ切り、九死に一生を得て故郷へ逃げ帰ったのである。この間の一部始終を彼は『泰緬鉄道・汗の兵隊体験記』という作品に綴り、一九六八年ビルマ国民文学賞を受けた。この本は『死の鉄路』と題し、田辺寿夫訳で毎日新聞社から出版されている。

「戦争の体験のひとつ、泰緬鉄道建設現場の事実を現代の若い世代に是非とも伝えたいと思って書きました。『死の鉄路』の主人公、テッパンは私自身であり、すべて実際の経験に基づく記録なのです」

彼は執筆の動機を語った。

「汗の兵隊」とは、この鉄道工事の労務者狩りで引っぱられて行った人々の当時のビルマでの呼称である。


泰緬鉄道は、連合軍の援蔣ルートを遮断する目的で、ビルマに侵攻した日本軍へ武器弾薬をはじめ各種必需物資と後続部隊をタイ側から輸送するために敷設された。その頃中国で戦っていた日本は、インドシナ経由とビルマ経由二本立ての連合軍からの援助に依存して、容易に陥落しない重慶の蔣介石軍に手を焼いていたのである。

この鉄路はタイのバーンポーンからビルマのタンビューザヤッまで四百十五キロに亙る。以前英国が敷設を試みようとしたが不可能と判断して手を引いた場所といわれ、タイ鉄道局の予測でも工事完成には八年を要するという結論が出ていたという。それを全く無視して「一年で貫通させよ」との命令を受けた日本軍鉄道隊が、一九四二年七月から翌一九四三年十月までの一年数か月という超短期間で仕上げてしまったのであるから、「奇跡の鉄道」と呼ぶ人がいるのも不思議ではない。

しかしこの突貫工事のためにイギリス、アメリカ、オーストラリア、ニュージーランド、オランダ各国の捕虜と、タイ人、ビルマ人、マレー人、更にこれらの地方に在住していたインド人や華僑やベトナム人まで莫大な人数を動員して労働力としなければならなかったのである。その総数は日本側の発表では十五万人位だろうとのことだが、英国その他の国の調査ではそれをはるかに上回る。『死の鉄路』の「まえがき」で、リンヨン・ティッルウィンはビルマの労務者だけでも全国から十七万七千人徴集されて、死亡者は三万人から八万人にのぼったと述べている。

ビルマは一九四二年六月末、タイはそれより少し遅れて七月初旬、双方から工事が開始された。タイ側はクウェーノーイ川に沿って険しいジャングル山峡地帯を、ビルマ側はモールメイン南方のタンビューザヤッから国境のパヤートンズまでの山中密林を切り開き、岩山を爆破したり削ったりしつつ一歩一歩すすめなければならぬ一大難工事であった。加えて厳しい食料不足、薬品皆無、雨季の泥沼、乾季の猛暑、蚊や毒虫の攻撃等々、諸般の悪条件のなかで牛馬の如く追い立てられた捕虜と労務者の重労働は如何に悪戦苦闘であったろうか。栄養失調や病に倒れる者は後を絶たず、コレラや天然痘も発生し、命を落とす人々も時には数えるいとまもない位であったと聞く。勿論日本鉄道隊の苦労も並大抵のものではなかったにちがいない。

当時、鉄道第九連隊に属し現地に赴いていた菅野廉一氏の話では、

「タイ、ビルマ双方から同時進行していた鉄道敷設作業は一九四三年十月二十五日、タイの起点バーンポーンから二六二・六キロのコンコイター駅附近でついにドッキングし、一応の完成を遂げた」

という。又、同氏によると、
「この鉄道に使用したレールはマンダレー、ラングーン間の複線の片方をはずして運んで来たものであり、車両は主としてマレーから、機関車は日本から輸送された」
とのことである。

このような多大の犠牲者と、捕虜及び労務者の血の出るような労働によって貫通した泰緬鉄道は、早速タイからビルマへ武器弾薬及び、あらゆる必需物資と補充兵士を運び始めた。この鉄道に乗車経験のある人は、密林峡谷の断崖絶壁に建設された木製の橋桁の上を通過する時、最徐行をしていても身のすくむ恐ろしさだったという。

しかし、この突貫工事の完成は時既に遅しの感があった。この頃日本軍の戦況はとみに悪化しつつあり、一九四四年にはいると、反撃に出た連合軍の爆撃が始まって折角の鉄道が次々と破壊されてしまう。捕虜と労務者は空爆の危険にさらされつつ修理に追われ、いつまでも苦役から解放されることがなかった。

又、一九四四年後半、インパール作戦に敗れた兵士達と、連合軍の反撃に打ちのめされた各駐屯地からの敗走兵は一路南下して泰緬鉄道の起点、タンビューザヤッへ向かった。今やこの鉄路は辛うじて生き延びて辿り着いたこれらの兵隊達をタイへ運ぶ使命を担うようになったのである。

翌一九四五年四月、ラングーンが英国の手に陥ちる危険が切迫すると、日本軍司令部の指示で

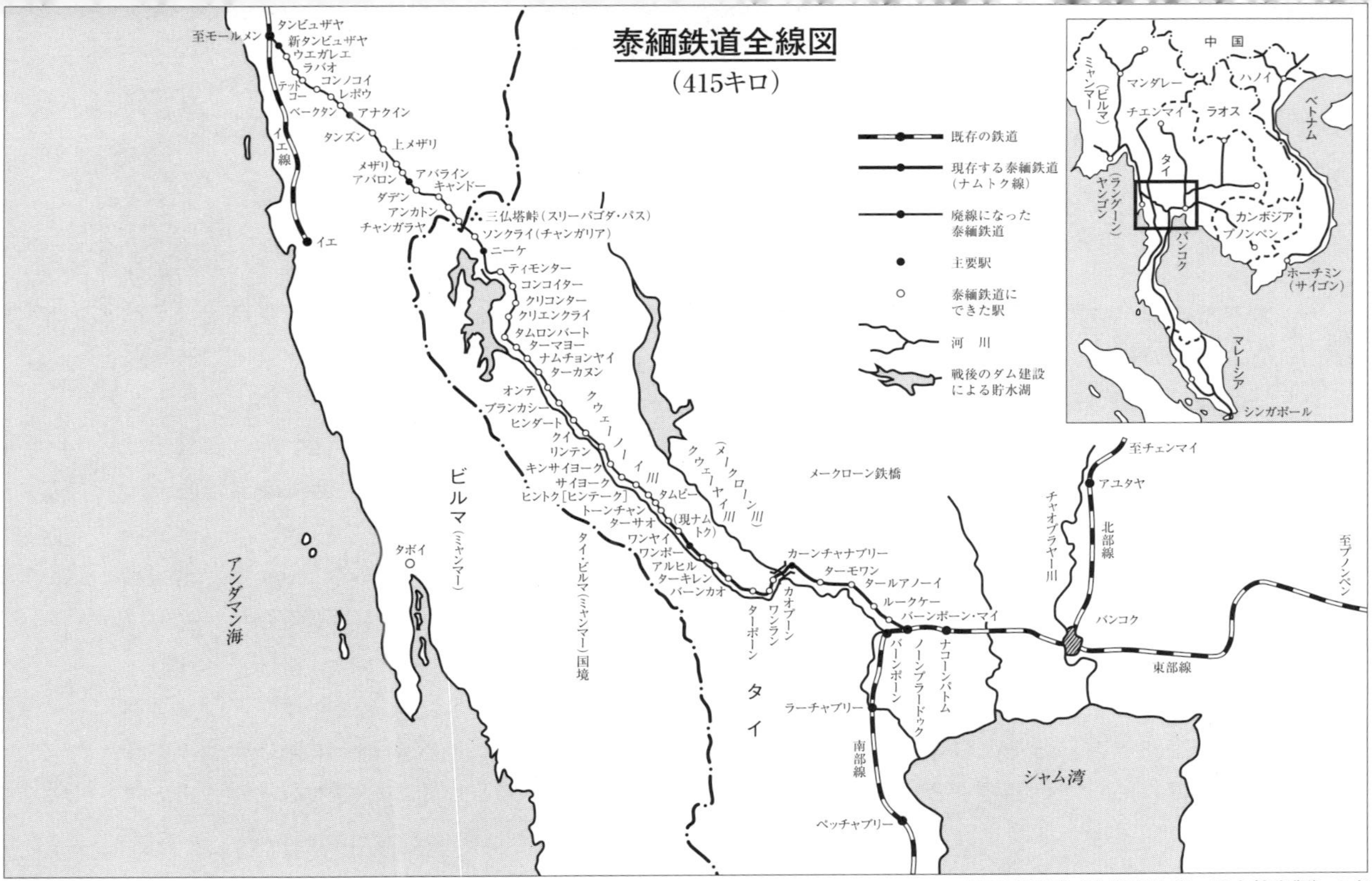

『泰緬鉄道』（古川利治著　同文館出版）より

バ・モオ首相の家族全員がこの鉄道でタイへ逃れ、その後カンボジヤへ疎開した。更に敗戦が決定した翌日の八月十六日にはバ・モオ首相自身が泰緬鉄道で祖国を後にしたのは何と皮肉な運命であったことだろうか。

『死の鉄路』によると、

《戦後、英国政府はタイ国側の鉄道を百万ポンド以上で、ビルマ側の鉄道は一千六百万ポンドで売却した。そしてその金は英国人捕虜の生存者に配分された》

とある。

英国人捕虜に関しては、『戦場にかける橋』という映画に描かれたタイ側においての彼等の重労働の様子と心理的苦境が「クワイ河マーチ」のメロディと共に記憶に残る人もあるかもしれない。しかし又、『クワイ河収容所』の筆者、アーネスト・ゴードンは、この映画の原作となったピエール・ブールの小説は興味深いものではあるが、あくまでもフィクションに過ぎないと言っている。彼は真相とくいちがっている点に刺激されて、真実を公にする責任を感じ、自らの体験と事実をこの本で語ったという。

リンヨン・ティッルウィンは私のインタヴューの目的を知ると快く話を始めてくれたが、「汗の兵隊」としての体験談は『死の鉄路』の内容と重なるものが多かった。

従って以下の記述は彼から直接聞いた話を中心に、更に田辺氏の訳本からの要約と引用を加えたものである。

リンヨン・ティッルウィンは一九一七年にイラワディ・デルタ地方のニャウンドン市に生まれた。家は町の中にあった。父は早くに亡くなったので、母がバザールで乾物を商い一家を養ってくれていた。二人の姉も葉巻タバコ作りで家計を助けた。彼自身はハイスクールを中退し、母の手伝いをしていただけで定職にはつけないでいた。

彼がこのような状態にあった一九四一年十二月八日、太平洋戦争が勃発したのだが、よもや自分の国がこの戦に深くまきこまれるとはこの時思ってもみなかった。ところが年が明けるとまもなく日本軍がビルマ東南のタイ国境から侵攻し、英軍を撃退しながら北上、三月には早くも首都ラングーンを陥落させてしまったのである。しかも、この日本軍が密かに養成したというＢＩＡ（ビルマ独立義勇軍）を伴って、ニャウンドンにも入って来たではないか。聞けば日本の軍隊はビルマを英国の植民地から解放しにやって来たのだという。ＢＩＡはその大目的達成のために編成され、全国から愛国の志士を集めつつ進軍しているとのことなのだ。

英国からの独立！　血が沸き立つ思いがする。二十五歳のリンヨン・ティッルウィンは興奮した。生まれた時から英領植民地下の生活に、今まで何の疑問も持たないできた自分を心から反省した。

英軍は日本軍が入って来る前に早々とニャウンドンから撤退していたが、その後の治安の乱れは市民を日夜脅やかしていた。ことに強盗の横行は目に余るものがあった。ところがこの不穏は僅か六、七十人の日本兵と十数人のＢＩＡの隊員によって、またたく間に拭い去られた。その実行力には脱帽せざるを得なかったが、悪事を働いた者への日本兵の処罰は人々を震え上がらせるほど厳しいもので、首謀者は市民の面前で銃剣で刺殺された。それを目撃したリンヨン・ティッルウィンは「いくら祖国ビルマの独立のためとはいえ、自分にはとても人は殺せない」と思った。彼はＢＩＡには応募しなかった。

五月の声を聞くと軍政府が泰緬鉄道建設のために労務者を募集しはじめた。

「泰緬鉄道はビルマ独立を目的として戦っている日本軍とＢＩＡのために、タイから武器弾薬、必要物資、後援部隊を輸送する必要上、緊急に建設されなければならない。従って諸君のなかで真に独立を願う者は直ちに参加して協力してほしい」

純真なビルマ人の心を揺さぶる呼びかけである。又、その条件が人々の気をひいた。

「期間は短くて三か月、長くても一年。希望すれば家族同伴可。応分の週給あり」

労務者の集め方には三段階あった。第一は自らすすんで志願する。第二は規定に準じて応募参加する。第三は所定の人数に満たない場合は強制連行する、というわけである。人々は肉体労働で国家に奉仕するという意味を込めて、労務者のことを「汗の兵隊」と呼ぶようになった。

リンヨン・ティッルウィンは第一の方法を選び、自主的に「汗の兵隊」に志願した。愛国心に目覚めた彼は、人を殺さずに祖国のために自分を捧げることのできる道を示されて感動し、使命感に燃えた。それに、若い彼には未知の土地で働くという冒険心と好奇心もあった。この時の彼には、軍政府の示した甘い言葉にだまされているという自覚は毛頭なかったのである。

軍政府はニャウンドンを含むマウビン県内だけでも数千人の「汗の兵隊」を集めた。リンヨン・ティッルウィンのように、すすんで自ら志願する者はごく少数であり、規定応募参加者の数も思うほど伸びなかった。従って、強制連行が行われたのだが、いざそれが始まってみると、そのやり方が非常に横暴であることが判明した。彼が入隊したあと強制連行させられた労務者にいきさつを聞いてみると、一人ひとりそれぞれの事情があった。

《連行されようとした時、屋根の上に登って逃げた者もいれば、天井の梁にしがみついて隠れた者もいた。けれども彼らは日本兵のかまえる銃におどされて捕えられた。便所の中へ隠れた者もいる。やはり、様子をうかがっていた日本兵に便所を出た途端につかまってしまった。勇ましい者は川へ飛び込み、水中に潜ってひそんだが、やはり浮かびあがってきたところを待ちかまえていた日本兵に捕えられた。ティンゴウン村のコウ・ミャインという男は、川の中へ逃げこんだ時溺れ死んだという》

と彼は書いている。

ところがそこへ新商売が出現した。大金と引き替えに捕えられた者の身代わりになるというものである。裕福な家はもとより、なかには借金をしてまでも一家の大黒柱である夫や大切な息子を引き戻そうとする人々にとっては耳寄りな話であった。《そのころ、都会での労務者一人の相場は三百から五百チャットであった》とリンヨン・ティッルウィンは述べているが、当時この「身代わり商売」はあちこちで流行ったようである。別のインタヴューであったが、泰緬鉄道のビルマ側の起点、タンビューザヤッに近い町では、一件三百チャット（多分当時の地方中堅サラリーマンの約三か月分の月給に相当する）で請け負う男がいたという。この男はジャングルの道なき道を行くのが特技で、身代わりになって現地に連れて行かれるとすぐ脱走し、翌日にはもう町に戻って次の客から三百チャットを受け取り、再び連行されてはケロリとして逃げ帰って来ることを繰り返し、またたく間に金持ちになったのだそうである。しかし脱走する度に、責任者はどんな厳罰に処されたことであろうか。

さてリンヨン・ティッルウィンは自主志願者の特権として宣伝主任という役を与えられた。マウビン県出身の「汗の兵隊」の一グループ三百人の監督と、通訳を通して受ける日本軍の命令を労務者に伝える責任を負うこととなる。雨季が始まって間もなくの五月末、一同を引き連れてニャウンドンから船でデルタの水路伝いにラングーンに出た。そこから汽車で一昼夜かけてモールメインへ移動し、翌日更に南下してタンビューザヤッへ着いた。

労務者のキャンプには日本兵の軍服を着た十三、四歳のモン族らしい少年がいて実になまいきな態度と口のきき方で先ずは驚かされる。ここまで来る間に日本兵の態度も急激に悪化した。ぐずぐずしている労務者を軍靴で蹴り、ビンタを喰らわした。通訳の少年達まで彼らを見習って、《父や祖父にあたるぐらいの年齢である年輩の労務者たちに対して、足蹴にしたり、女子供めとあざけりののしったりした》のである。

幸いマウビン県出身の「汗の兵隊」は人数に変化がなかったので難を逃れたが、他の県のグループは途中汽車から飛び降りて六名逃亡したことが判明して大騒ぎになった。責任者として分隊長が引っぱり出されて将校に空手チョップで顔面を殴られ朱に染まった。

《その時、誰も思いもかけなかった突発事態が起こった。あっという間の出来事だ。分隊長がこぶしを固めて、日本人将校の顔面にストレートパンチを食らわせたのだ。

青年のパンチに隙《すき》をつかれた将校は、後へ仰向けざまに倒れた。

分隊長は、ためらうことなく線路の傍を横切り、タンビューザヤッの街の方角へ一目散に駆け出した。

しかし、この不運な青年は、日本軍の手から逃れることはできなかった。三発、四発と続けざまの銃声。彼は犬コロのように倒れ伏したのだった》

ここに至ってリンヨン・ティッルウィンは自分の選択が大間違いであって、完全にだまされて連れて来られたことを悟ったがもう遅かった。彼の下に分隊長と班長がいる。お互いに苦難のなかにも協力してゆこうと語り合ったが、今後の見通しは闇であった。

『死の鉄路』のなかで、リンヨン・ティッルウィンは「私」という一人称で登場する。テッパンという名の持ち主ではあるが、労務者の間では「サヤレイ」と敬愛の気持をこめた呼ばれ方をしている。「サヤ」とは先生、「レイ」は親しみを現わす助辞である。
マウビン県出身の労務者隊員のなかで最年少のタースィン少年は、とくに「サヤレイ」、「サヤレイ」と彼になついた。
《ガージィアイン村出身、カレン族とビルマ族の混血、目許涼しく、眉のひいでた好青年だ。ニャウンドンを出発した時からずっと彼は私の傍を離れない。若いがなかなか勇気があった》
この二人は互いに気が合ったようだ。タースィンは秘書のようによく尽くしてくれた。一年半の間、ジャングルの奥地へ奥地へと作業場が移動しても常に助け合ってさまざまな難関をくぐりぬけたのである。

最初の現場作業所はチャウタロンであった。ここでの作業は線路の道床つくりであったが、雨中の苦労は一通りではない。作業が少しでも遅れれば労務者側の監督であるテッパンや分隊長、班長の責任となり処罰が恐ろしい。朝の点呼に一人でも遅刻すると、すぐビンタが飛び、監督不行き届きを叱責される。
生煮えの米と、塩味のみの豆とじゃがいもを煮ただけの副菜が連日続く。ビルマ人の食事に欠かせない「ガピー」(魚醬《ぎょしょう》のペースト)は、日本兵が「悪臭があって健康に悪い」と勝手に判断して禁止してしまった。それでもテッパンは宣伝主任として、分隊長や班長と共にレーションと称して別に食材を分けてもらい、炊事係りの労務者が特別に料理してくれた。と言っても、一般の者には皮つきのままのじゃがいもであるところを皮無しにしてもらえる程度の差だった。しかし「興亜」という日本タバコの配給はありがたかった。

チャウタロンには日本軍当局の許可をもらったモン族の行商人が一週に一度やって来た。雨季のさなかにも五、六台の牛車に日用品、砂糖菓子、セレイ（ビルマの葉巻きタバコ）等、それに石油缶にこっそり入れた地酒を積んで来て、キャンプの近くで労務者専用に商売をするのである。日本軍が「汗の兵隊」募集の際出した諸条件はほとんど無視されていたが、ただ一つ守られていたのが週給支給であった。週に一度、一人二十五チャット相当の軍票（現在の日本の購買価値にすると多分二千円程度）が支払われた。軍票の金額単位はどういうわけかルピーであった。一ルピーはビルマの一チャットに値する。十ルピー札は赤、五ルピー札は紫、一ルピー札は黒色のと緑色のがあった。いずれも、表側の中心にジャパニーズ・ガヴァメントという英語の文字と金額の数字が入れてあり、その右側にはパゴダが印刷されていて、札の縁は椰子の木と実をあしらったデザインである。

週給を渡された労務者達は行商人がやって来ると、この時だけは連日の過酷な労働も恐ろしい日本兵の仕打ちも忘れたかのように嬉々として牛車をとり囲むのだった。甘党は黒砂糖を固めた菓子を、辛党は自分で作った竹筒を持参して地酒を買った。セレイも全員が競って求めた。この葉巻タバコは、作業現場の短い休憩時の必需品であったのだ。

ところで、ビルマ人労務者キャンプから、数百メートルの別棟にいる英軍捕虜達には一チャットの金も支給されなかった。ある夕方遅くテッパンがタースィンを伴って買物に行くと、牛車のかまどの火の傍で、痩せこけた二人の英人捕虜がモンの商人と何やらもめているところであった。一人は上半身裸で下着のパンツ姿で脱いだズボンを手にして居り、もう一人は水筒を持っている。彼等はズボンと引き換えにタバコと酒が欲しいと頼んでいるらしい。しかし商人は捕虜との取り引きをかたく禁じている日本兵が恐ろしいから、どんなにしつこく言われようが応じない。

テッパン達を見ると二人は何とか取り持ってくれと三拝九拝する。彼も「困ったことになった」とタースィンと目を見合わすが、捕虜達はあきらめない。二人の方を見やると、

《二人とも骨が皮膚を通してくっきりとみえ、とても人間とは思えない。気力もまったくうかがえない。まもなく人間であることにおさらばしようという様子だ。

その姿を見て胸がつまった。あまりの空腹と飢えのために、ズボンさえも酒や煙草との交換に手放そうとしている。さらに哀れなのは、一旦脱いでズボンを渡してしまった捕虜には、その代りを手に入れる可能性がまったくないことである。

捕虜たちにとってズボンにせよ、シャツ、帽子、靴にせよ日本軍から支給される望みはなかった。ジャングルの中のキャンプでは、高級将校を除いて日本兵でさえ、ズボンは破れ、シャツは

裂けていたのである。
二人の捕虜は哀れっぽくつぶやきながら、酒と煙草がほしいと何度も繰り返し訴えた。彼らは日本兵の目をかすめてキャンプを脱け出してきたのだ。
もし、日本兵に見つかると……。
二人の捕虜にとって、それは考えるだけでもおそろしい危険なのだ》
彼等への憐憫の情と、自分達も万一発覚したら……という恐怖から一刻も早く逃れたいという一心で、ついにテッパンは自分の軍票で酒とタバコを買い与えた。すると、
《ズボンを手に持った捕虜は、それを私に渡そうとした。いらないと断っても何度も差し出す。そのたびに私はまた断わるのだった。
最後には二人とも私の誠意がわかってくれたようだ。私が彼らのために金を出して買ったのがわかったのだ。二人は私とタースィンに伏し拝まんばかりに何度も礼をくりかえした。
二人の顔には、うれしさと悲しさの入りまざった表情が浮かんでいた。たき火の火は二人の顔の片側を照らし出している。微笑む口元、うつろな四つの青い瞳は私の心を哀しく揺さぶった》
テッパンは手真似で早くここから立ち去るように合図した。二人はようやく竹の茂みの方へ歩き出し、夕闇のなかにその姿は消えた。
このあとテッパンはモンの商人に、命にかかわりかねない危険なことをやってくれたとさんざん油をしぼられた。というのも、以前に牛車一台でやって来た三人のモンの行商人が、捕虜と物々

交換したのが日本兵に見つかり、三人共縛りあげられて二人が命を落とし、残った一人も気がふれてしまったのだ。おまけに牛車は火をつけて焼かれ、二頭の牛も殺されてしまったという。

雨季も終りに近づいた九月、マウビン県の作業隊は、更に奥地のタッディン・キャンプへ移動させられた。一同は短ければ三か月で故郷に帰してくれるという話が真赤な嘘であることを改めて知った。

ここではキャンプから八百メートルほど離れた川に橋梁《きょうりょう》建設をする仕事が待っていた。雨季の終りと言っても、まだ強雨になる日もあったから、流れに橋脚を打ち込む作業は困難をきわめた。

この作業に捕虜も「汗の兵隊」も悪戦苦闘している最中にコレラが発生し、またたく間にキャンプ全体に蔓延《まんえん》した。各棟で一日に三十人、六十人と死んでゆく。対処する薬は一切なく、クレゾール消毒薬があるのみ。死体は生き残った労務者が《縄で縛った豚のように両手両足を縛り、真ん中に竹を一本通してかついでいくのだった》

森の近くに大きい穴を掘り、遺体はまとめて埋葬された。コレラ騒ぎは一週間ほどで終わったが死者は三百人以上出た。

悪いことにはコレラの流行のあと、テッパンの班に天然痘患者が発生した。病人を日本兵の手に渡せば、隔離するだけであとは死を迎えるまで放って置くことが分かっていた。あまりにもそれは忍びないので、苦労して病人を小屋の棚の下に隠した。しかし結局は発見されてキャンプを追放された。

《竹の杖でようやく体を支えたトゥンシュエは、小さな米の包みと水筒を肩から掛け、キャンプから自動車道路に向かって、ゆっくりよろめきながら一歩また一歩と歩いて行く。

この少年は故郷の家まで帰りつけるだろうか。それともジャングルの真っ只中の自動車道路のどこかで、鉄道沿いのどこかで、生命がつき果てるであろうか。―略―

少しずつ遠ざかっていくトゥンシュエの背中をじっとみつめた》

一方、彼の班長チッティは病人を隠した罰として小屋から少し離れた木の幹に半日くくりつけられた。


その後しばらくすると、突然このキャンプに十人の日本女性が姿を現わした。言わずと知れた慰安婦である。こんな山奥まで連れて来られたのだ。どこから誰がどのようにして送って来たのであろうか。彼女達はキャンプから少し離れた山裾の小川の傍に建てられた三軒の小さい日本風家屋に一か月滞在した。将校も兵士達もニコニコ顔になり、女達は昼間からキャアキャアとさわがしかった。

労務者は彼女達の宿舎のそばには絶対に近寄らないように厳命された。ところが彼等は何日もたたないうちに、女達が庭先に設けたドラム缶で湯浴《ゆあ》みをしているのを発見し、我も我もと樹陰に身をひそめて見物しているという情報が入って、テッパンと班長達はこの取り締まりに一苦労した。

ビルマの女性も外の共同水場で水浴びをするのだが、前以て家の中でブラウスを脱ぎ、ロンジーを胸の上までたくし上げ、きっちり留めてから洗い場に出て来る。ロンジーをつけたままの姿で器用に体を洗い終えると、近くの木の枝にかけておいた着替えを頭から上手にかぶると同時に濡れた衣服をするりと足許に落とす。その早業はまことに見事で決して失敗しない。女の私でもつい見とれてしまう位、優雅な身のこなしである。

このような習慣を持つ国の男性の目に、全裸で入浴する日本女性の姿が如何に珍しく興味津々に映ったことか。見物人が殺到したのも無理はない。

テッパンが故郷のニャウンドンを出てから一年二か月が過ぎた。着替えを持たないまま連行された「汗の兵隊」は、着ていたロンジーもシャツもとうにボロボロになって裸同様の哀れな格好になってしまっていた。

日本兵は作業を頑張った労務者に褒美《ほうび》として豆の空き袋のドンゴロスを与えた。麻の空き袋は貴重品で全員が喉から手が出るほど欲しい。栄養失調でフラフラの者も、熱帯性潰瘍で足を引きずっている者も、たった一枚のドンゴロスのために体に鞭打って余分に働いた。

《ドンゴロスを手に入れるには、少々がんばるぐらいではとても無理だった。一か月のあいだ連日大仕事を必死でこなさなくてはならない。
困ったことにドンゴロスの欲しい労務者は数多くいたため、懸命に働く労務者全員が貰えたわけではない。労務者を選んで与えるにせよ、多くの者に与えるにせよ、日本軍は充分な数を用意していなかったのである》
ようやく手に入れると、袋の縫い目を丁寧にほどいてミニスカートのように腰に巻く者あり、頭と両腕を通す穴をあけて前後の区別なしの長方形のシャツに改造する者ありで大喜びだった。作業現場で毎日一緒になる英軍捕虜も同様の姿が多くなった。

そうこうするうちに、マウビン県出身の班は更にジャングルを十キロほど奥へ入ったクナニエ作業キャンプに回された。移動は荷物を背負って徒歩で行われたので、極度に体力を失っている労務者から、二名の落伍者があったことが到着してから判明した。責任者のテッパンが分隊長と班長と共に直ちに捜索に出る。密林の中を手分けして探すと、ポミイが道端に丸まってこと切れているのを発見した。松明の光が遺体を照らし出したのだった。ポミイの埋葬を終えたのは既に深夜だったので、この日はこれで打ち切らざるを得なかった。
翌朝、タッディンまで戻るようにしてくまなく探したが、もう一人の行方不明者、ミャテインの姿はなかった。もしやと谷に下りて岩場をすすむと、水辺でなんと虎に喰われて顔形もなく無残な遺体がころがっているではないか。やはりミャテインだった。仲間の「汗の兵隊」が作業中でもなく病気でもなく、このような形で命を落とすとは……発見者達は言い知れぬ怒りと悲しみにおそわれた。

クナニエでの作業は岩山のハッパ作業であった。まず四人一組でダイナマイトを仕掛けるための穴あけを手作業でやるのだが、岩盤が堅くて思うようにはかどらない。日本兵は予定以上の時間がかかると、容赦なく全員を殴ったり蹴ったりした。

その暴行には懸命に耐えた労務者達だったが爆破作業だけはいやだと尻ごみして何としても動かない。皆裸足であるから信管の着火から爆発までの数十秒間に、鋭いデコボコのある岩山は足の裏が痛くて逃げ切れないことを知っているのだ。いたし方なくこの危険な作業は三人の分隊長とテッパンが引き受けたのである。

二、三十メートル毎に取りつけられた信管に注意深くタバコで次々と着火させてゆくのは血の凍るような作業である。最後の五個目に着火させる直前、耳をつんざく轟音と共に第一番目が爆発。はやる気持を押さえて五番目にも火をつけ終り、近くの大木の下へ逃げ込むと同時に連続爆発が起こった。案じていたことが現実となり分隊長の一人が逃げ遅れて《岩の破片、砂つぶ、石の粉、バラバラになった木の枝、竹の枝》を体中にかぶり、血の海の中で犠牲になってしまった。

この事件のショックが消えぬうちに、テッパンの隊はパヤートンズ（三仏塔峠）へ移動させられた。ここはタイとの国境地点である。十八世紀半ばに、アラウンパヤー王が造らせたという三基のパゴダが現存していて有名なところである。ビルマ人のほとんどは仏教徒で信心深い。「汗の兵隊」達はこの地が気に入った。

《みんなはその辺りで摘んできた木の芽や花をそなえて、パゴダの前に坐わり礼拝をくりかえしていた》

彼等は三つのパゴダに次々とぬかずいて、命を落とした仲間の名前を一人一人挙げながら成仏を願い、合わせて自分達が一日も早く苦役から放たれてそれぞれの故郷に帰れますようにと心から祈るのだった。

この地での作業は主として木や竹の伐採とレールの下に敷くための採石であった。これまでで一番楽な仕事である。労務者達の気持がほんの少し和んできた。

ここでも作業現場で英軍捕虜と一緒になった。相変らず口をきくことを固く禁じられてはいたものの、彼等が近づいて来た時には巻タバコを欲しがっているのが痛いほど分かるので、兵隊の目を盗んでは少しずつ渡してやった。受け取るとうれしそうにポケットにしのばせてにっこりした。しかし彼等は日本のタバコ「興亜」には絶対に手を出さない。捕虜になっても敵国日本の製品を口にしたくないのだろうか。

ある日、作業が終了してキャンプへの帰途、後方を歩いていた捕虜の将校がテッパンに近づくと、無言で何か細長い物を押しつけて渡した。返すと目立ってしまうので、彼もだまって受け取り、すぐ自分のぼろかばんにしまった。キャンプ小屋に戻って調べてみると、それは万年筆だった。おそらくその捕虜は日頃のタバコのお礼に、彼の最後の持ち物をくれたのであろう。

テッパンは確かに純粋な同情心から巻タバコを与えたのではあるが、反面いささか複雑な気持もあった。相手は長年祖国ビルマを植民地として治め、権力を振るってきた国の人間である。ここ数年、反英の気運が高まり、ついに日本軍に協力するＢＩＡ（ビルマ独立義勇軍）が現在命をかけて戦っている敵国の軍人である。たかが巻タバコ数本とはいえ、捕虜に渡す度にうしろめたい気がするのであった。しかし度重なるうちに次第に気持の整理がつくようになった。

この作業所のキャンプでは敵でもなく味方でもなくお互いただの人間同士、捕虜と労務者という身分の違いはあっても、恐ろしい日本軍のもとで強制労働をさせられている同じ立場の者同士ではないか。人と人とのごく自然なつき合いではなかろうか。このように考えてみるとテッパンの心は落ちついた。

しかし、それにしてもこの万年筆には胸がつまる。おそらくあの捕虜の将校にとっては忘れられない記念の品で宝物のようにしていたにちがいない。この英軍捕虜にはその後二度と会えなかった。翌日、急にテッパンと数十人の仲間が選ばれて、タッディン・キャンプへ三、四週間の予定で出向くように命令されたからである。橋梁附近の線路の緊急修理のためであった。

久し振りにタッディン・キャンプに戻ったテッパンは突如脱走を思いついた。勿論今までにも何度も逃げたいとは考えたのだが、あまりにも危険な状況で、とても実行は出来なかった。

今回は先ず第一に仲間がほんの数十人で、いつものように数百人もの監督をしないですむ。第二にここタッディンはパヤートンズより大分タンビューザヤッに近いし、この辺りの線路は既に完成していて、折返し運転の汽車が日に数回走っている。第三にこのキャンプには以前橋梁建設のため、相当長期間滞在していたので附近の地理には至って詳しいということも有利であった。

テッパンは一人で密かに汽車の発着時間を調べ、タッディン駅附近の様子を探った。しかし、このキャンプでの作業期間は短い。パヤートンズへ戻る前に決行しなければ、もう二度とチャンスはない。彼は用心に用心を重ねてこの計画を誰にも話さなかった。ようやく敢行前夜、タースィンにだけ打ち明けた。彼は即座に同行を望み、二人で逃走することに決定した。

決行当日の夜九時、驚く分隊長にそっと別れを告げてタースィンとキャンプを出た。

《実直そのもののコウ・ターミヤイン分隊長は、小屋の入口に立ちつくして私たちを見送ってくれたのだった》

日本兵にみつからないように近道の線路づたいは止めて、山際の道路を歩く。

《二人は満ちはじめの月の淡い光の下、周囲に気を配りながら急いだ。—略— おたがいに一言も口をきかず、ただひたすら足を進めた。—略— 二人はタッディン鉄橋のあかりの部分がみえる地点まで自動車道路を歩いた。

私は足をとめて鉄橋を眺めた。月の光はさっきより弱い。そのうちに隠れてしまいそうだ。おぼろな月の光に浮かびあがった鉄橋の姿はもの哀しく胸に迫るものがあった。
私の感傷は決していきすぎたものではない。この橋は多くの労務者の生命と血を犠牲にしてつくられたものではないか。この橋のために私たちの血と汗が流された。私たちの民族の生命が捧げられたのだ。私とタースィンは互いに手を結びあって、じっと橋を見つめつづけた》
辛い作業の思い出のこの橋を渡って何とか無事にタッディン駅へ着いた。注意深く駅の様子を見ると巡視の兵士が行きつ戻りつしている。二人は線路沿いに積んである薪の山陰に身をかくし、息をひそめて汽車を待つ。月が雲間から出て明るくなると気がもめた。ようやく遠くから汽車の近づく音がして、まもなく駅に止まった。機関車に二人の日本兵が乗り込むのを確かめてから、発車と同時に薪の山の背後から走り寄って無蓋車のひとつに飛び乗った。誰も乗っていない。荷も積んでいない。ほっとはしたが、まだいつどこで何が起きるか分からないから気をゆるめるわけにはいかない。テッパンは外から見られないように体を低くして緊張し続ける。一方若いタースィンは彼に頼り切って寝てしまった。
途中の駅で乗り込んできた数百人の労務者にまぎれて明け方モールメインに到着。そこで労務者の群からの脱出に一苦労し、馬車で町の市場へ出る。店の開くのを待って床屋に飛び込み、二人共ぼうぼうに伸びた髪を刈ってもらう。これで、一見して逃亡労務者と分かる姿から少しはましな格好になった。

ラングーンへ帰るためにはモールメインの川向こうまで渡しで行かねばならない。ところが乗り場の手前に、旅行証明書や注射証明書を検査する関所があったのだ。もとより身一つで、必要書類など何も所持していない二人は途方に暮れてしまった。しかし仏は彼等を見捨て給うことはなかった。折から英軍戦闘機が飛来し機銃掃射が始まったのだ。人々は逃げまどい、関所の役人もあわてふためいてどこかへ隠れてしまった。この時とばかり、テッパンとタースィンは駆け出し、既に動き出していた渡し舟に飛び乗って無事に川向こうへ着いたのである。

モールメインからタトン、タトンからラングーンへ汽車を乗りつぎ、チミンダイン船着き場から乗船してようやくニャウンドンへ着いたのは数日後のことであった。

ついに生きて家に帰れた！　そのよろこびと感慨は到底言葉で現すことは出来ない。一九四三年十月初め、泰緬鉄道全線貫通の直前のことであった。

帰郷して身も心も落ち着くと、リンヨン・ティッルウィンは首都ラングーンへ出て、二つの新聞社、「バマー・キッ」と「ハンターワディ」の記者として働いた。一九四四年にはいると連合軍の空爆が開始され、日に日に激しくなった。それより恐ろしいのが機銃掃射で、彼も取材先に出向く途中、度々危険な目に合った。

一九四五年八月、日本は戦に破れ戦争は終了した。ビルマは再び英領に戻った。ビルマ独立の

薬草を摘む尼僧
Aug. 14 '99
sagain

ためにと、過酷な労働を強制されたあの悪夢のような泰緬鉄道の作業は、何の意義があったのだろうか。

ビルマは独力で一九四八年一月四日、英国から真の独立を勝ち取った。以後リンヨン・ティッルウィンは作家として出発し、一九六二年には『川岸の砂州にて』でデルタ地帯の農民と労働者の生活を描いて芸術文学賞長篇小説部門で受賞して一躍有名になった。その後今日まで作家仲間と平和運動にとりくんできたという。


「日本をどんなにか恨んで居られることでしょうね」

と言う私に彼はニコリともしないで淡々と答えた。

「泰緬鉄道の悲劇は人間が悪いのではありません。戦争のために、人間が悪くされてしまったのです。

労務者を十何万人も集めておきながら、何の生活準備もせず、人間を扱う条件が皆無に近いキャンプで重労働を強制し、動けなくなるまで働かせた上たたきのめしました。こんな状況をつくった原因のひとつは、分別のある将校が現場には一人も出て来ないで、下士官と兵隊だけにすべてを任せっ放しにしていたことにあると思います」

彼は急にやさしい声になって、

「労務者や捕虜は大変な犠牲者であることは勿論ですが、考えてみると泰緬鉄道にたずさわった日本の軍人も犠牲者ですね。好んでこの建設作業に従事したわけでもないのに、上からの命令で労務者や捕虜を鞭打って働かさなければならなかったのですから。彼等もとぼしい食物で飢えをしのぎ、ぼろぼろの衣服で雨と戦い、厳しい生活条件のなかで苦労したにちがいありません。あるキャンプで一人の軍曹が家族の写真を眺めては故郷を思い出している様子でした。これを見て私はつくづく人間の心情は同じなのだと思いました」

と語った。

そして再び毅然として、

「私は自ら体験した事実を繰り返し語り継ぎ、二度と戦争のない世界、平和を求めて努力し続けているのです」

と話を結んだ。

インタヴューの後、市内の「ヤーダナー・レストラン」へ御礼旁々昼食に招待した。勿論、二人の同伴者とゆりさんも一緒である。リンヨン・ティッルウィンは初めてこけた頬に笑みを浮かべて機嫌よく食事を共にした。

彼はここで、

「私の本名はエイ・マウンです」

と告げてくれた。

彼は私に気を遣ったのか、食後のコースにはいると、甥に命じて隣接するシュウェダゴン・バゴダの売店に行かせ、漆塗りの美しい壺を入手して贈ってくれたのだった。今は形見となってしまったその壺は、我が家の飾り棚から私に何かを語りかけている。

老作家の思い

作家マウン・ティン（本名、ティン・パッ）の作品『農民ガバ』は、一九四五年戦後間もなく執筆され、一九四七年に出版された。ビルマの抗日文学の代表的作品の一つとして多数の読者を得たといわれている。

日本においても、一九九二年、河東田静雄訳『農民ガバ――ビルマ人の戦争体験』と題して、大同生命国際文化基金から出版、紹介された。

マウン・ティンは、父親が若くして自作農兼地主となったため、子供の頃から農民生活のなかで、小作農達の苦労を眼の辺りにしながら育った。また、大学卒業後、地方行政官となってからも、農村に近い町に赴任して、農民が戦争にまき込まれてゆく姿をつぶさに観察できる立場に置かれたことが、この作品を執筆する動機となったという。

彼は「私がガバを創作したのではありません。ガバが突如私の心の中に入ってきて、読者の皆様の眼に浮かぶように、ガバ自身がその姿を現したのです」と、この本の「序」で説明している。

マウン・ティンは、同じ「序」の中で、国民の食糧を支えている農民が、いつの時代にも底辺でもがいている姿を嘆き「私の願いは、社会、経済、政治などの分野で指導的立場にある人々が、ガバの本当の姿を知り、理解し、ガバの生活を進歩、向上させて欲しいということです」と熱い思いを吐露している。

以下『農民ガバ』の概要を述べてみよう。

ガバはイラワディ・デルタのミャウンミャ地方の一部落、ピャントーで生まれ育った貧しい農夫である。恋女房ミィポとの間に、十六歳の娘ミィニィと十歳を頭に四人の男の子がいる。一番下はまだ赤ん坊だ。

祖父の時代からの小作人で、夜明けから日暮れまで二十五エーカー（約三千坪）の田圃で牛と共に身を粉《こ》にして働いている。それでも一家七人食べるのがやっとで、小屋には家具らしい家具もない。夫婦とも、ろくな着替えもなくよそゆきの一揃いは大切にとってある。娘のミィニィは一張羅《いっちょうら》のブラウスを着るのがもったいなくて、ふだんはロンジーを胸の上まで引き上げて父母の仕事を手伝っている。

ミィニィは村の地主の甥チェッジーと恋仲で、双方の親も二人のつき合いをあたたかく見まもっている。ガバはいつの日か彼が婿として一緒に住んでくれるようになったら、以前から少しずつ竹筒にためている貯金で借地をふやし、若夫婦と共に働けば少しはましな生活が出来るかとひそかに夢見ている。

ビルマは一八八五年アラウンパヤー王朝が英国に滅ぼされた翌年、英領インドに併合され、イギリス植民地となった。ガバの祖父の時代のことである。農民はいつの世も厳しい労働以外に生きる道はなく、王朝から英領下に移っても彼等の仕事や生活には何の変化も起きなかった。英国植民地時代に生まれ育ったと言っても、ガバはイギリス人の顔を直接見たこともなかった。しかし彼等が自分達の「主人」なのだと信じて過ごしてきたのである。彼は貧しくとも家族揃って平穏に生活出来る幸せをかみしめている純朴な男だった。村の雑貨屋の中国人トォンアーや、田圃の溝掘り人夫のインド人ホーリーとも差別なく付き合って友情を大切にしていた。

このささやかなガバの幸せも一九四二年初頭、日本がビルマに侵攻して宗主国イギリスと戦争を開始するや忽ちくずれ落ちてゆく。

部落の南に、政党をわたり歩くならず者として人々に嫌われているピョートゥッという男が住んでいた。この男はビルマが戦争にまきこまれると、当時最も活発に反英運動を展開していたタキン党に金を払って入党し、同志となったのである。彼は自らを「タキン・ピョートゥッ」と称し、警官にくっついて威張りはじめた。ガバはこの男に次々と翻弄されてゆくことになる。

英国人が各地から引き揚げてゆくと、治安が乱れて一部の人々は急に排他的になった。近くの部落でも、インド人ホーリーが「国外追放されるかもしれない」とガバを頼って貴重品の入った松の木箱を預けに来た。間もなくピョートゥッが外国人いじめのお先棒をかついで、ホーリーの一年分の米を取り上げて小屋を燃やした挙句、腰に重傷を負わせた。インド人に協力したとしてガバもまた家の中を荒らされ、刀で背中を切りつけられてしまう。傷ついた二人は舟で何日もかかって町の病院にたどりついた。病院では薬品不足のため麻酔なしで傷口を縫われ、失神する程の痛みを味わわされた後、ようやく部落へ戻った。

夫を心配しながら待っていてくれたミィポのところへ帰り着いてほっとする暇もなく、警察にへつらってばかりいるピョートゥッが今度は強盗事件捜索の警察官と一緒にやって来て、こともあろうにガバのことを「強盗の一味だ」と言って逮捕させてしまった。彼は町の刑務所に送られて初めて日本の憲兵に会った。憲兵は彼が見たこともないダイヤモンドを「どこにかくしたのか」と詰問し、足の裏にタバコの火を押しつけたり、手首を縛って天井から吊るしたり半死半生の目に遭わせた。しかし間もなくピョートゥッの証言はでたらめで人違いの疑いをかけられていた事実が判明したため、さすがの憲兵も「気の毒なことをした」と言ってガバを釈放した。彼は命からがら妻のもとに逃げ帰った。

一九四二年半ばになると、ガバの部落でも泰緬鉄道の労務者狩りが始まった。人々は連れ去られる労務者を「汗の兵隊」と呼んだ。ピョートゥッは今回は「汗の兵隊」担当の日本軍の大尉とその部下の世話係りを買って出て、宿舎として接収した寺子屋に一緒に寝泊まりまでしていた。ミィポが「外は危い」と言っているのも聞かずに小屋を飛び出したガバは簡単に「汗の兵隊」狩りに捕まってしまった。

一家の柱である夫を取られてしまったミィポは途方に暮れて、大嫌いなピョートゥッに折り入ってガバを返してくれるように大尉へ頼んで欲しいと拝みこんだ。彼は「今晩もう一度娘を連れて出直して来い。大尉もガバの娘が直き直き父を返してもらいたいと哀願すれば心を動かしてくれるだろう」と言う。言われたとおりにミィポは暗くなってからミィニィを伴って再度寺子屋を訪れた。わらをも摑《つか》む思いだった。待っていたピョートゥッは「うまく行ったぞ」とばかりミィニィだけを二階に上げ、「大尉マスター」に慰みものとして差し出したのだ。階下の暗闇で一人待つミィポに娘の叫び声がひびく。はっとした母親は胸のつぶれる思いで右往左往したが、時既に遅しだった。

一方「汗の兵隊」にされて泰緬鉄道のビルマ側の起点近くのキャンプに連行されたガバは、ひどい待遇に耐えながらも農夫持ち前の頑張り根性で孟宗竹を伐採して運搬したり、砂利を運んだり懸命に働いた。真黒に蠅のたかった腐りかけた食物。毛布一枚ないキャンプ小屋。コレラ、マラリヤ、赤痢、チフス、ペスト、天然痘などで次々と仲間が死んで行くなかでガバは見る影もなく痩せ衰えてしまった。目は窪み、疥癬《かいせん》で手足が腫れ上った。彼はこの世の地獄から抜け出したい一心で、ある夜同じ部落出身の男と死を覚悟で逃げ出した。キャンプに連れて来られてから半年後のことだった。二人は奇跡的に無事逃げおおせた。

何日もかかって部落に着いたのは夜更けだったが、ガバはそこで愛娘《まなむすめ》の悲惨な場面に出くわした。「大尉マスター」の子を妊娠した彼女は村の女にかこまれて、取り上げ婆さんにおなかを踏ませて赤ん坊をおろしている最中だったのだ。

ミィニィの恋人チェッジーは、その後村を飛び出して姿をくらませてしまった。ガバ夫婦や村人が彼はミィニィに失望して失踪したにちがいないと思ったのも無理はなかった。


一九四三年八月一日、ガバがやっと悲しみから立ち直った頃、ビルマは日本に「独立」を与えられ、バ・モオが国家代表兼首相に就任した。しかしガバ一家の生活には何の影響もなかった。「汗の兵隊」から逃げ帰った後の二年余の間は、常に不安はつきまとってはいたものの事件らしい事件も起きず、夫婦で田圃の仕事に精を出し、鶏と卵の売り上げや米の売却金の中から竹筒貯金を一所懸命増やした。小銭が筒に一杯になると、手の切れるような新札の軍票に換えて蓄えるのを楽しみにしていた。

しかし、かりそめの平和の日々も長くは続かなかった。一九四五年三月、雨季前の猛暑が訪れると、英軍が力を盛り返して米軍と共に日本軍に反撃を加え始め、日本軍は逃走中だという噂が村や部落に広まった。

その頃、以前無実の罪で捕えられたガバを、ただ一人かばおうとしてくれた、警察官のミョーニュンという男が彼の家にやって来て二、三日泊まっていった。現在はビルマ国民軍（BNA）に属しているという。この男はそのビルマ国民軍が近いうちに革命軍として日本軍へ反乱するかも知れないと告げたのだが、ガバにはよく理解出来なかった。ただ大嫌いな恐しい日本人をやっつけるというなら大いに賛成だと答えた。やがて三月二十七日、決起の日が来た。ガバはミョーニュンについて、近くの川を下って来るタンバン船の日本兵を待ち伏せする手伝いをすることになった。しかし逆に隙を突かれて、陸上にひそんでいた四人の日本兵士に捕まってしまったのである。そしてそこには又もやピョートゥッの姿があった。ミョーニュンは革命家として、ガバは抗日革命家をかくまって行動を共にした罪状で彼に起訴されてしまった。驚いたことには、既に政治犯として兵士達の手許に捕まえられていたビルマ人のなかには地主のターガウンまで入っているではないか。

予期せぬ反乱にあせり半狂乱になっていた日本兵は、直ちに一同を近くの小高い丘へ連行して各自の墓穴を掘らせた。後手に縛られ穴の縁に座らされた者は次々と軍刀で処刑され、首を落とされた死体は穴の中に倒れ込んでいった。ところがここで誰も想像していなかったことが起きた。長い間、日本側とビルマ側双方に取り入っては悪事を重ねて金もうけをして来たことがついに判明し、日本兵の怒りを買ったピョートゥッが共に処刑されてしまったのである。

ガバの穴は一番端で、最後に首をはねられる筈だった。「もう駄目だ」と観念したものの隣のターガウンの首に刀が降り下ろされたとたん「どこで死んでも同じだ」という気持が彼を奮い立たせ、目の前の穴を飛び越えると一目散に向いの森へ逃げ込んだ。後方から銃声が聞こえ、弾が頭上や肩をかすめたが、今回も不思議なことに命拾いをした。

翌日ガバは、決起して部落にやって来たビルマ国民軍の小隊が農民達の協力のもとに、川を下って来たタンバン船を襲い数十人の日本兵の命を奪うのを目撃した。そしてその小隊長がチェッジーだとわかって絶句する。聞けば彼は、日本の軍人に辱しめられた、愛するミィニィの仇《あだ》を打つために敢えて国民軍に応募し、革命に加わってこの日を待ったのだという。

その後、日本軍は各地で敗退し、五月には首都ラングーンが再び英軍の手中に落ちた。「われわれのビルマが又英領になったのだ」という声が部落に聞こえてくると「国の主人がやっと帰って来てくれた」とガバはほっとした。しかし夫婦のきびしい労働は相変らず続くのであった。

それでもミィニィとチェッジーの結婚話がいよいよまとまったので、ガバは長年爪に火をともすようにして蓄えた虎の子の軍票の束をかかえ、トォンアーの店にいそいそと出向いた。新婚家庭用品を店主に相談しながら調えてやるためである。ところがそこで彼を待ち受けていたのは今朝布告された「本日から軍票は使用禁止。英領植民地の紙幣のみが通貨となる」というイギリス行政府の通達であった。

帰宅したガバは小屋の前の空き地に五千チャットの札束をほどいて投げ出すと、台所から薪の燃えさしを持って来て火をつけた。そして、発狂したのではないかと驚く妻、娘、チェッジーの前で燃えさかる炎を放心したように見つめるのであった。

この物語は次の言葉で終わる。

《主人のイギリスとタキンの同志たちを頼りに築こうとしていたガバの未来も、眼の前の炎とともに燃え尽きてしまった》

一九九三年八月、ヤンゴン近郊インセインの自宅にマウン・ティンを訪ねた。玄関までの前庭はマンゴーの木や、花の終った火炎木でうっそうとしていた。雨季の緑が濡れて美しい。屋敷は大きい木造平屋建てで、窓枠が少しいたみかかった古い家である。

ビルマの大抵の家の造りがそうなのだが、彼の住まいも上がりかまちやホールがなくドアの前で履物を脱ぐと、もうそこが板敷の広間だった。二十畳位のその部屋には、右手前のコーナーに古びた籐《とう》のテーブルと五脚の椅子があり、マウン・ティンが右奥に座り、紹介の労をとってくれたビルマの友人と私は左手前の席をすすめられた。

マウン・ティンは八十四歳にしては若々しく、白髪まじりの髪の毛は豊富で小柄ながらしっかりした体格の持ち主である。眼鏡越しのまなざしは温和で優しそうだが、時々きらりと厳しい光を見せる。小ざっぱりとした茶の縞の開襟シャツにグレイのロンジー姿。間もなく夫より大柄に

サヤー・マウン・ティン　ヤンゴンの自宅にて（93年８月）

見える上品な夫人と、結婚しても同居しているという娘二人が挨拶に出て来て、お茶とお菓子をすすめると奥へ戻って行った。夫人は七十代前半、娘は四十代と三十代半ばに見受けられた。

取材の目的を伝えると、快諾はしてくれたが「私は作家ですから、あなたに質問されなくとも必要なことは全部話します」と達者な英語で先ず先制してから話を始めた。

マウン・ティンは一九〇九年、イラワディ・デルタの南部アンダマン海に臨んだラパッター市の地主の家に生まれた。地元の小学校とミャウンミャ市の中学を卒業し、その後ラングーンに出て市立高校を経てラングーン大学文学部に進み、英文学、ビルマ文学、東アジア史を専攻して文学士号を取得した。

大学卒業後、ミャウンミャ市の高等学校教師を経て、イギリス植民地政府の地方官吏となった。

イラワディ管区のヘンザーダの町長を勤めた後、一九三九年にはアラカン管区のタウン・グウッに転勤した。この町はアラカン山脈西方の海岸地帯にあってインド洋に面している。

一九四一年十二月八日、休日でのんびりと過ごしているところに、日本の真珠湾攻撃のニュースが飛び込んできた。この海辺の静かな町ではまだ何も起きていないのに「何か自分でも分からないが、身の危険が緊急に迫っているような気がして」居ても立ってもいられなくなり、職場を擲《なげう》って故郷ラパッターに戻ろうとタウン・グウッの町を脱出した。険しいアラカン山中を幾日も歩いてようやくイラワディ河畔のパダウン市に到着。そこから船で河を下り、何日か後にやっとの思いで自分の町に辿り着いた。

長年ビルマは植民地として英国統治下にあったが、一九四二年三月、首都ラングーンが日本軍の手に落ちると各地のイギリス人は早々にインドへ撤退してしまった。ラパッターの町も例外ではなかった。

ところで英軍引き揚げと同時に、町の治安が一斉に乱れるという予期せぬ事態が発生した。過去何十年もの間、仲良く共存してきたカレン人、中国人、ビルマ人が急に対立し始め、互いに憎み合って町のあちこちに火を放った。強盗や泥棒が人家を荒らし回った。人々は恐怖におののき多数の市民が郊外へ逃げ去った。これを見たマウン・ティンは故郷の平和を何とか保とうと数人の友人と協力して自警団を編成し、懸命の努力を続けた。

そのような状態にあったラパッターに、ある日ＢＩＡ（ビルマ独立義勇軍）の一小隊が入って来た。この中にはマウン・ティンの大学時代の友人も何人かいた。彼等は「日本軍は英国からの独立を助けるためにビルマに進攻したのだ」と信じ「全面的に日本軍に協力しているのだ」ということだった。BIAが駐屯するようになると治安は忽ち安定して町には平和が戻り、人々も郊外から安心して帰って来た。

BIAとは、日本政府が開戦一年前から在バンコックの諜報専門の南機関を動かし、表向きはビルマ人の反英独立運動の援助、実際は援蔣ルート遮断のためビルマの有能な青年三十名を極秘裡に集め、海南島で厳しい軍事訓練を施した後、開戦まもなくタイ国境から自国に侵入、各地で隊員を募らせながら日本軍に協力させた軍隊である。これが後にビルマ国民軍（BNA）と改称するのであるが、次第に日本の意図に疑惑を抱き、ついに終戦五か月前にアウン・サンの指揮のもとに決起して反乱し英国と手を結んでしまう。その頃既に敗退しつつあった日本軍は、まさに飼犬に手を噛まれた形になるのである。

一九四二年の中頃、マウン・ティンはラパッター市長に任命された。数か月後、初めてこの町に十四、五名の日本兵が姿を見せた。彼は市長として部下や市民と共に彼等を快く迎え、快適に過ごせるように宿舎を調えた。ところが深夜、その宿舎からひどい悲鳴が聞こえてきて非常に不審に思った。翌朝、日本兵達が出発するというので船着き場へ見送りに出向くと、一人のビルマ人男性が後手に縛られて船に乗せられようとしているではないか。聞けばこの男性はイラワディ船舶会社の社員で、前夜ラングーンから出張でこの町に来たのだそうだ。彼はラングーンで日本兵の暴挙を数多く見聞きしていたのでラパッター市民が彼等を歓迎優遇するのを眼の辺りにして怒り心頭に発し、大声で憤慨したとのことだ。その声を聞き咎めた日本兵が通訳を通して理由を知り、立腹して捕まえ、いためつけた末縛り上げてしまったという。昨夜の悲鳴はこの気の毒な男性の声だったのだ。ラパッターの市民はこの日以来、日本兵に恨みと恐れを抱くようになった。

一九四三年八月、バ・モオ政権が成立し、「独立」とは名のみの傀儡《かいらい》政府が発足した。国家代表バ・モオは首相を兼任し、議会はなく、彼に立法、行政、その他強大な権限が与えられた。即ち日本側は彼さえ自由に動かせば日本の意のままに出来るレールを敷いたのである。

日本側はこの新体制を組織するに当って、旧行政機構を改正することなく、中央官庁や地方行政の要職に英領時代のビルマ人官僚をそのまま多く残して業務を続けさせていた。そこへマウン・ティンは望まれてバ・モオ政府の仕事についた。最初は外務省事務次官に、翌一九四四年には情報宣伝省次官に任命された。

内閣閣僚のなかには、現役軍人のままのアウン・サン国防相、タキン・ヌ外相など六人のタキン党員が含まれていた。マウン・ティンは時の第十五軍司令官、飯田祥二郎中将をはじめ日本の幹部将校達がアウン・サンを中心とするタキン党員を非常に嫌っていることを知った。理由はタキン党は共産党であると誤解していたからである。

「タキン」とは「主人」という意味のビルマ語である。「自分達ビルマ人こそビルマ国の主人である。英国人ではない」と主張してきた反英独立運動タキン党のメンバーは各自の名前の前に「タキン」をつけて呼ぶ。アウン・サンをはじめ所謂三十人志士と称されるビルマ国軍の中心人物達は、南機関の訓練を受ける以前から、その多くがこの党に属していた。バ・モオ政府の内閣に名を連ねてはいるもののアウン・サンをはじめビルマ国民軍の幹部は日本軍への信頼を早くから失ってしまっていた。重ねて日本側のこのような誤解と相まって双方の溝はますます深まっていった。

一九四四年七月、インパール作戦が中止に追い込まれ日本軍は大敗を喫した。これに勢いを得た英軍が米軍の協力を得て連合軍として反撃の力を強めると、各地の日本軍は悲惨な敗退を続けるようになった。

一九四五年に入ると、首都ラングーンが英軍に奪回される日も近いとみたアウン・サンは、確実に秘密を保ちながら前年八月に結成した「反ファシスト人民自由連盟」(ビルマ語略称パサパラ)を中心にして、全国に散っている国民軍部隊と連絡をとり続ける一方、英国側にも手を打ちながら抗日準備をすすめたのであった。

ついに三月二十七日、アウン・サンの命令一下、国民軍は一挙に決起した。突如として英軍へ寝返ったのである。大成功であった。虚をつかれた日本軍は英軍と反乱軍に追われて一路タイ方面に懸命の退却を続けるしかなかった。

YANGON
SULE PAGODA

しかし、この一斉蜂起の少し前までは日本の憲兵隊が暗躍し、ビルマ人を震え上がらせていた。マウン・ティンによれば「共産党と混同されていたタキン党に属しているのではないかと疑われた多くの人が捕まり、殺されてしまった」という。

マウン・ティンの家族もまた同様の被害に遭遇した。叔父と弟である。彼がまだラパッター市長であった頃、弟のティン・ウインはタキン党の書記をしていた。又、叔父のチョウもタキン党のラパッター支部長を勤めていた。

叔父と弟は日本軍の命令に実に忠実に従った。「汗の兵隊」を集めろと言われれば、逃げまわる人々を涙を飲んで捕まえ、必要人員数を揃えて引き渡した。又、日本企業が軍を通して「マングローブの枝を短期間に供出せよ」と言ってくれれば、市民をかき集めて働かせ、希望通りの量を指定期日に提供した。ラパッターはイラワディ河口に位置するので、マングローブは河畔に密生していた。これらの枝はラングーンに運ばれて樹液を絞り、皮革のなめしに用いられたと聞く。

このように誠心誠意日本軍に尽くした叔父と弟であったにもかかわらず、一九四四年末、憲兵隊はこの二人を含むタキン党員四十名を連行し、ミャウンミャの監獄へ収容したのだが、翌年三月退却する際、彼等を日本海軍に引き渡したのである。海軍も敗走を目前にしてあせっていたのであろうか、こともあろうにその四十名の無実の青年達を全員殺害して引き揚げて行った。

マウン・ティンはこの事件に対する彼の気持を「悲しみと苦悩は筆舌に尽くせません。仏教徒である私はただ黙して耐えているのみです」と述べ、決して「許します」とも「許しません」とも言わなかった。

マウン・ティンは一九四八年英国から真の独立を勝ち取ったビルマ政府に於いても、情報省情報局長を二年間勤めた。その後一九五〇年『ヤンゴン新聞』の編集長に転じ五年間その職に身を置いた。その間、一九五二年には新聞記者代表団の団長として訪日の経験もある。

これらの仕事の傍ら作家としても活躍し、『農民ガバ』をはじめ多くの長編短編小説を発表した。一九五四年には作家協会会長に推されている。翻訳も手がけており『ガリバー旅行記』では一九八一年に翻訳部門国民文学賞を受けた。

更に仏教への関心が深く、パーリ語三蔵経をビルマ語に翻訳する事業にも協力をしている。一九八七年にはビルマ語辞典編集委員に任命され、続いて一九八九年から現在に至るまで歴史編纂委員の一人として活躍しているという。

ビルマは一九八八年八月、大規模な反政府デモが行われたが、事態の悪化を阻止するためビルマ国軍が全権を掌握し、「国家法秩序回復委員会」が設置され、臨時政府と称して政権の座についた。しかし一九九〇年五月の総選挙では、圧勝したＮＬＤ（国民民主連盟）を無視して政権に居坐ったのみならず、ＮＬＤ書記長のアウン・サン・スーチーを自宅軟禁し、主要党員多数を投獄してしまったのである。

マウン・ティンは最後に、このような祖国の現状を憂い、

「ビルマ政府は何としても、もっと国際的視野を広めなければいけません。井の中の蛙から脱却しない限り国情は混迷するばかりで決して良くならないのです。それには長い時間がかかるかも知れません。しかし私はいつの日か必ずビルマが目を覚まし、世界に目を開く時が来ると信じています。

現在の政情に耐えられず海外に逃れている青年達には、滞在している各国をよく観察しながらビルマに必要なことを出来るだけ多く学び取ってきて欲しいと思います。そして、いざという時には急ぎ帰り、祖国再建に尽くしてもらいたいのです」

と若い世代への期待をこめて話を結んだ。


『農民ガバ』の訳者、河東田静雄氏は作品の「解説」の中で、

「マウン・ティンも彼らビルマ独立運動の政治的指導者たちと同様に、当初は〝ビルマの独立〟を現実のものとするため、日本軍に協力する姿勢を見せていたものと思われます。しかし、ある時期からビルマ独立運動の政治的指導者たちと呼応し、密かに〝反日〟あるいは〝抗日〟の決意を秘め、何らかの任務を担っていたのではないかと思われます」と述べている。

確かにバ・モオ政府の外務省や情報宣伝省という日本側の情報をいち早く且的確に把握出来る

場の要職にあったのであるから、その可能性は相当大きかったのではなかろうか。

老作家はこの事に関しては何も語らなかったが、終戦直後に抗日文学の代表といわれる『農民ガバ』を書いた事実は、少くとも彼が戦時中バ・モオ政府の下にありながらも、心中は強い反日家だったことを証明するものであろう。

Ⅲ

南方特別留学生　1

最年少のビルマ人留学生

東南アジアの国々を日本が次々と占領して軍政を敷いた一九四二年の十一月、東条内閣は大東亜省を創設した。「大東亜地域内の諸外国及び諸地域に関する政務」を執行するためであった。これは当時の外務省の東亜局と南洋局、拓務省などを吸収して設けられた役所で、一九四五年八月の終戦まで存続した。

大東亜省は一九四三年二月、東南アジア諸国から優秀な青少年を日本へ留学させる計画を立てた。日本語教育を施した後、国内各地の大学や専門学校へ送って、希望する専門の学問を修めさせ、帰国後、自国の親日指導者として各界で活躍してもらおうという計画である。しかしその頃、既に戦局はニューギニア、ガダルカナルに於ける日本軍全滅と敗退で、不安なかげりを見せ始めていた。

ビルマでの第一次南方特別留学生の募集はその年の四月に行われた。ラジオ放送や新聞広告などで募った一般学生と、諸機関代表として指名されたり推薦された青少年を、軍政監部の選考委員会が選抜した。委員会は合格者三十一名を最終的に十五名にしぼった。

この第一次南方特別留学生に選ばれ、戦時中の日本で学生生活を送った三人のビルマ人にインタヴューする機会を得た。彼等の体験談を順を追って記してみたい。

（ビルマの男性は、子供の時は名前の前に「マウン」、青年時代には「コオ」、社会人になると「ウ」をつける習慣があるが、以下の文では、これらを省略する。）

一九四一年十二月八日、太平洋戦争勃発と同時に、日本軍はタイ国境からビルマ国内へ侵攻し、首都ラングーンを目指して北上を始めた。

ラングーン大学は、他の教育機関と共に直ちに非常閉鎖される。テットゥンは、その年六月に入学したばかりの大学一年生で色白の背がずばぬけて高い十五歳の秀才少年だった。エンジニアの父、ポオ・タウンが建築面で全責任をもって建てたミョウマ・ナショナル・スクールに七年間通学し、十四歳で大学受験資格試験に合格した。ところが大学入学年齢は十六歳以上という規定があり、本来なら二年も待たなければならなかったところを、当時の学長、ミィン・ティンの特別の計らいで一年後に受験を許され、入学を許可されたといういきさつがある。

父は彼が五歳の時病没した。未亡人になった母は僧衣や数珠、托鉢用の壺などを売って生活を立て、姉をはじめテットゥンと弟や妹を育ててくれた。弟は幼くして死亡したので、彼は一人残った男の子として一日も早く一人前になって、母を喜ばせたいと思っていた。

十一歳の時、足の骨折で世話になった医師の親切が忘れられず、以来外科医にあこがれてきた。そこで大学では最初、医学を志望する。しかし生物の時間の蛙の解剖がうまくゆかず、如何に不器用であるかを痛感して外科医をあきらめる。では何を専攻しようかと思いあぐねていた矢先の大学閉鎖だった。

しかも開戦間もない十二月末には、日本軍のラングーン空襲がつづき、一家は止むなく年が明けると直ちに疎開した。ラングーン北方三百キロのプローム市の母方の叔父の家に身を寄せ、勉強どころではなくなってしまう。やがてこの町にも日本軍が侵攻してきたため、三月には近郊のネイベンダ村の寺院内に避難を余儀なくされた。ここに三か月ほど滞在する。この村には幸い日本兵は一人も来なかった。日本軍に協力しているビルマ独立義勇軍、ＢＩＡのメンバーが十二、三人やってきただけだった。

村の丘の上から遙かプロームの町を眺めると、日本軍と英軍が連日熾烈《しれつ》な戦を繰り返している。寺の僧侶達はその様子をしばしば双眼鏡で喰い入るように見ていた。ところがある日、この僧侶の群に突如プロームの英軍の大砲が撃ち込まれて、一人の僧が足に大怪我をしてしまうという事件が起きた。おそらく英軍は、日本の兵隊達が戦況を観察しているものと思いちがいをして発砲したのであろう。

同年三月、ラングーンは占領された。日本軍の下で徐々に町は安定をとり戻しているとのニュースが入ってきた。家族一同は五月末、恐る恐るラングーンの我が家へ帰った。しかし大学は相変らず閉鎖されたままで、再開のめどは一切つかない。勉学の道が閉ざされた状況のなかで、学習意欲に燃える少年にただひとつ開かれていた門は、占領軍が開設した日本語学校だった。

テッㇳゥンは飛びつくような気持で陸軍ラングーン日本語学校に入学する。この学校は日本軍政監部が直接監理していた。校長は、後に高野山大学学長となった上田天瑞だった。教師は数名いて、皆熱心に教えてくれたが、なかでも草薙正典先生は彼を特別かわいがってくれた。語学に強い興味と意欲を持つテッㇳゥン少年の日本語は、またたく間に校内で群を抜いて上達した。

ある日、上田校長が彼を呼んで、低い声で聞いた。

「君は天皇陛下を神と思うか」

驚いたテッㇳゥンは即座に、

「いいえ、とんでもありません。私にとって神は仏陀のみです」

と答えた。校長は怒らなかった。彼の目を見つめながら静かに言った。

「君の言うことは全く正しい。しかし渡日後いつどこでどんな日本人にこれと同様な質問をされても、決して『ノウ』と答えてはいけない。自分の心に反しても、必ず『イエス』と答えなさい」

父親が息子をさとすような声の調子であった。彼には校長の意図がはっきりとは摑めなかったが、非常に重要な注意なのであろうと察して素直にうなずき、この言葉を胸の奥深くにしまいこんだ。

テッ卜ゥンは三か月のコースを優秀な成績で修了した。十六歳になったばかりである。終了後、早速いくつかの職を得た。

一、上田天瑞校長の秘書。無報酬。

二、毎日新聞社の通訳。一か月軍票百四十円。

三、タキン・トゥン・エイの協同組合の学校に於ける日本語講師。一か月軍票八十円。

四、警察訓練所事務所での日本語に関する講義。一回軍票二十円。

当時、軍票一円は英領下の一チャットと同価値とされていた。その頃の若い警察官の月給が百三、四十チャットであったそうであるから、テットゥン少年の収入は相当のものであったと言えよう。

元気一杯の彼は、与えられたこれらの仕事を嬉々としてこなし、母親孝行に励んだ。しかしこの幸せも長くは続かなかった。雨季明けと共にこの年の十月、早くも勢力を盛り返した連合軍の空爆が開始されて、再び市民の生活がおびやかされるようになったからである。一家は危険地域にあった自宅を離れ、シュウェダゴン・パゴダに隣接するメディテーション・センターへ避難し、不自由な生活を強いられた。信心深い仏教徒のビルマ人は、パゴダは常に仏に守られていて爆撃されないと信じ、多くの人々がその近くに集まっていた。

思いもかけず、翌一九四三年四月半ば、突然第一次南方特別留学生の募集が公表された。開戦以来、勉学の道を閉ざされていた向学心あふれるビルマ全国の青少年達は、この耳寄りな話に我も我もと応募し、テットゥンもその筆頭の一人となる。彼は厳しい選考審査に見事パスした。最年少の合格者である。

雨季に入った五月初旬から、陸軍ラングーン日本語学校内の東風寮で、泊まり込みの準備訓練が始まった。火炎木の真紅の花が濡れた緑に映える季節である。選抜された十五人の若者達は、心身共に大いに張り切り、最新ファッションのタイシルクのロンジーを身につけて初日を迎えた。ところが入寮式後、先ず課せられたのは寮の床掃除で、しかも水拭きである。思い切って一張羅の絹のロンジーを尻はしょりにして、何とか切り抜けた。又、最初の食事の折、箸の使い方を練習させられる。一粒でも御飯を床に落とすと、拾って食べるようにと命令されてびっくりする。米の国、ビルマで生まれ育った彼等ではあるが、誰一人このような躾《しつけ》を受けたことがなかった。

訓練は、早朝のラジオ体操に続いて朝食。午前中は日本語、午後も更に日本語あるいは日本文化に関する講義であった。主として上田校長が担当した。精神教育と称する授業もあり、加瀬教師と若い僚田教師が受け持っていた。神道に関する知識はこの先生達から与えられる。又、忠君愛国という言葉も覚えた。テットゥンにとっては、ここの日本語教育は既に学習したことの繰り返しで、余り面白いものではなかった。

十五名のクラスのなかには、カレン族、シャン州出身者、中国系ビルマ人なども いて多彩なメンバーだった。この他に、特別枠の留学生として中央行政府長官、バ・モオの長男、ザリ・モオと甥のウィン・ハンも間もなく渡日の予定と聞く。一行の送別会に長官夫妻がわざわざ出席したのは、このような事情があったからしい。

一九四三年六月二十日、いよいよ日本へ出発の日がきた。爆撃機三機に五人ずつ分乗してミンガラドン空港を離陸、タイに向かう。この日のために一同カーキ色の制服を作ってもらったのだが、中国人の洋服屋が手抜きをした。中背で肥ったパーシー・ルーナを採寸して、全員同じサイズに仕立ててしまったのだ。お陰で背の高いテットゥンはツンツルテンの珍妙な格好で機上の人となった。生まれて初めて飛行機に乗った青少年達に、爆撃機の構造の知識などあるはずもなく、飛行中、万一誤って爆弾投下のボタンが押されたら、人間爆弾と化して落下してしまうのではないかと本気でビクビクする。バンコクに無事着陸した時は、一同思わず拍手してしまった。

ここでは「泰国ホテル」（ロイヤル・ホテル）に数泊する。小遣いを与えられて、衣類その他の必需品の買物に出た。街を歩きながら、タイの首都がラングーンよりずっと暑いのに驚く。テットゥンは早速、体に合うサイズの洋服を求めた。

その後、列車でゴム林のつづくマレー半島を縦断し、「昭南」と改名されたシンガポールに到着する。「富士ホテル」（ラッフルズ・ホテル）に何泊かした。この地でマレー、ジャワ、スマトラなどからの留学生と合流し、商船を軍用輸送船に改造した阿波丸で日本へ向かった。

乗船翌日、各国留学生は一生忘れることの出来ない屈辱的な日本の軍隊式身体検査を受けさせられた。全裸にされた上、一人ずつ前かがみになり肛門の検査をされたのだ。これは床の水拭き掃除や、落ちた飯粒拾いなどとは比較にならない程、大きいショックだった。

当時の日本は、連合艦隊司令長官、山本五十六をソロモン上空で失い、更にアッツ島の悲劇を味わって居り、既に制海権をほとんど奪われていた。そのため阿波丸は日本海軍の駆逐艦に護送されてはいたが、連合国の潜水艦に常時追跡されていたので、救命ボートの練習や避難訓練は全員真剣そのものだった。

ともあれ四日後に無事、門司に到着した。特別仕立ての一等車で、前年完成した関門トンネルを通って下関に渡り、更に東京へと夜行列車で旅を続ける。明けて六月三十日正午近く、東京駅に到着すると、日本政府の関係者と在京ビルマ人数人が丁重に迎えてくれた。

歓迎昼食会の後、一同宮城前に案内され、姿の見えない天皇陛下に対して遙拝《ようはい》をさせられた。若いテットゥンにはいささか抵抗があったが、これも学ぶべき日本文化のひとつだと自分に言い聞かせる。急に陸軍ラングーン日本語学校で、上田天瑞校長に懇々と言い含められた言葉が甦ってきた。

ビルマ人留学生寮は、神田区猿楽町、明治大学の隣の二階家で、孔雀寮と言った。寮長はO氏で、ビルマ人はきっと辛い食物が好きだろうからと、コックはわざわざ韓国人をやとってくれていた。しかしこの人は料理の上手下手の問題以前に、学生用配給物資の横流しが発覚して即刻解雇されてしまった。新しい日本人の賄《まかな》いは忠実に働いた。副寮長は感じのよい人だったし、年配の掃除係りの人や手伝いの小母さんも親切で、学生は皆安心して東京生活の第一歩を歩み始めた。

ただひとつ問題があった。孔雀寮にはお風呂がないのだ。南国ビルマでは日に何回も水浴する習慣だった学生達が、真っ先に願い出たのは入浴だった。そこで寮長は、早速一同を近くの銭湯へ連れて行った。こわごわ暖簾をくぐると、男湯と女湯に分かれているとは言え、仕切りが低くて互いにまる見えではないか。その脱衣場で服を脱ぐことになり、心臓が止まりそうになる。しかも寮長は一人一人に手拭いを与えると「全裸になれ」と言うので絶句する。ビルマでは水浴の際、男子といえども決してパンツは脱がないのがエティケットであるから、これは大変なカルチャーショックであったわけだ。

七月二十一日、大東亜省の美しい屋上庭園で青木一男《かずお》大臣主催の正式の歓迎会が行われ、テットゥンは代表として感謝の辞を述べた。二十四日には、国際学友会日本語学校の入学式が挙行された。学校は中目黒にあり、周囲は梅雨明けの濃い霧につつまれていた。来日時、同じ船に乗ってきたジャワ、マレー、スマトラの学生達および、少しあとに来日したフィリピンの留学生達も揃ってこの日を迎えた。前駐タイ公使の矢田部保吉専務理事と大東亜省代表の挨拶があり、国籍別のクラス編成後、講師紹介があった。校長は渡辺氏だ。

いよいよ二十六日、月曜日から学習が始まった。日本語に関しては、ラングーン出発前の一か月半の特訓のみという者から、テットゥンのように陸軍日本語学校で通訳が出来る程の実力を養った学生まで一緒ということになる。勢いテットゥンにとって、ここの授業は易しすぎて退屈そのものであった。しかし利発な彼は、予習復習が不要で余った時間を好きな英語の読書に使って無駄にはしなかった。間もなく神田の古本屋での立ち読みを覚え、必要と思われる書物の購入という楽しみもふえた。

学生は学費と称して一人一か月百円を支給されていたが、僅かな寮費と食費の他は大半小遣いとして用いることが出来た。当時、日本の大学新卒の初任給が七十円内外だったそうであるから、留学生の懐は相当豊かであったことは間違いない。しかし食料も衣料もすべて配給制度の時代だったので、折角のお金も闇の菓子や芋を求める位で、余り使い道がなかったようだ。テットゥンは小遣いの大半を書籍購入に用いた。

学友会のカリキュラムのなかには音楽もあって、これには秀才の彼もお手上げだった。おたまじゃくしはチンプンカンだし、無理に歌わされると蚊の鳴くような声しかでなかった。

それにひきかえ、柔道や剣道、フットボールなど、スポーツはどれも楽しんだ。

この年、一九四三年八月一日、ビルマは日本からお仕着せの「独立」を与えられ、バ・モオ長官が首相に任命された。これに先立ち、初代駐日ビルマ大使としてティン・マウン博士が日本へ到着、在東京ビルマ大使館開館のために、参事官や書記官数名も同時に来日した。

「独立」を祝って、八月一日の朝は留学生も招かれ、品川のビルマ大使館での国旗掲揚式に出席し、夜は日本劇場で特別プログラムの踊りや音楽を楽しむ。しかしこの華やかな祝いの席で一夕浮かれた留学生達も、その裏に日毎に厳しさを増す日本の戦局の現実を見逃していたわけではなかった。

日本政府は、このような時局においても南方特別留学生には気を遣っていたらしく、一同は八月末から二週間、軽井沢で高原の生活を送ることになった。

早朝、上野駅を出発した汽車は、しばらく緑の水田地帯を走っていたが、やがて上りになり、横川駅からは完全に山に入る。この駅で蒸気機関車から電気機関車に替わり、アプト式線路で列車は喘ぐようにゆっくり峠越えをした。トンネルをいくつも抜けた。両側の山には針葉樹が繁っていて、車窓から入る空気がひんやりしてくる。

午後三時過ぎ、軽井沢の次の沓掛《くつかけ》駅で降りる。思っていたよりひなびた小さい駅だ。霧の中の細い山道を三十分程歩くと、千ヶ滝の国際学友会夏季錬成寮に着く。松の香りが漂う森の中に、八棟の丸木小屋が二列に並んでいる。中央に集会用の広場があり、国旗掲揚の柱も立っている。

各丸木小屋の中は日本式畳の部屋が四室と、玄関、浴室となっていて、ビルマ人留学生は二棟に分かれて寝起きすることになった。

フィリピン人留学生も来ていて、一緒に午前中は日本語の学習、午後はスポーツ、夕食後はキャンプファイヤーと、快適な毎日が始まった。食事も東京よりずっと栄養豊富で味のよいものが出された。

滞在中のある日、浅間山の頂上まで三時間かけて登り、恐ろしい噴火口の底から硫黄の煙がもくもくとあがるのを見た。いやな臭いがして気分が悪くなりかけたが、ビルマにはない火山の見学は興味深いものだった。

軽井沢の町にも出てみた。ここは在日外国人と日本の上流社会の人達の別荘地で、東京とは全く異った環境と雰囲気である。テニスに興じたり、乗馬を楽しんだり、スマートな自転車で白樺の道を行き交ったりする人々を眺めていると、一瞬戦争など、どこの国がしているのかと錯覚を起してしまいそうな静かでゆったりとした高原の町だった。

留学生一同にとっては、騒々しい都会生活から離れて過ごすことの出来たこの二週間は忘れ難い思い出となり、心身共に大いに英気を養った。

十一月五日東京で、ビルマのバ・モオ国家代表、フィリピンのラウレル大統領、タイのワン・ワイタヤコン殿下、南京国民政府の汪精衛行政院長、満洲国の張景恵国務総理、自由インド仮政府のチャンドラ・ボース各代表が出席して大東亜会議が開催された。翌六日には、これらの代表と日本政府が大東亜宣言を発表する。アジアの民族解放、共存共栄自主独立、各民族の創造性の尊重、経済安定、人種差別撤廃などをうたって大東亜共栄圏諸国の団結を計る内容であった。又、それと同時に日本政府にとってこの宣言発表は、一九四一年八月にルーズベルト大統領とチャーチル首相が署名した平和共同宣言、大西洋憲章に対抗する意思表示でもあった。

各新聞は連日大きい写真入りで会議の様子を大々的に報道した。しかし仲間のパーシー・ルーナと共に大本営発表の行間を読み、戦いの現実をより正確に把握していたテットゥンには、この会議が不安な戦局をカモフラージュして、東南アジア諸国の士気を無理に高めるための演出のように見えた。

年が明けて一九四四年一月五日、東京に雪が降った。一面の銀世界！　南国ビルマの留学生には生まれて初めて見る雪だ。話には聞いていたが、こんなにも美しいものなのかと眼前の景色に眼を見張った。

いっとき子供に戻って雪遊びに興じたものの、食料事情は戦局と共に日に日に悪化していて、学生は常に食物のことばかり考えるようになる。闇の菓子も入手出来なくなってしまった。

その上、日増しにつのる寒さにも耐えなければならない。東南アジアの穀倉、常夏の国から来たビルマ人留学生にとって、飢えと寒さは想像もつかない試練である。テットゥンも、おなかの空いたまま床に就いて夜中に目が覚めると、寒さと空腹でもう寝つけない。床の中で震えながら読書するしかない夜が多くなる。仲間のなかには、隣に寝ている友人の掛布団をそっと引っ張り寄せて、けんかになった者もある。一方、ねじり鉢巻きの神風スタイルで、大学進学能力テストの準備に徹夜でいそしむ居直り派も出てきた。

東京滞在八か月、ようやく寒さも遠のいて梅の香りの漂う春が訪れた。

三月二十八日、国際学友会の修了式が講堂で行われる。修了生の日本語の能力は、新聞や雑誌が楽に読める者から、自分の名前がようやく書ける程度の者まで非常にまちまちであったが、成績の如何にかかわらず全員に修了証書が渡された。

南方特別留学生は、進学能力テストの結果と希望する専門分野によって、四月早々国内各地の学校へ送られる。満開の桜の花が彼等の門出を祝ってくれた。バ・モオ国家代表の長男、ザリ・モオと甥のウィン・ハンは、年齢が一般学生より何歳か若い上に特別枠ということもあって東京高等師範付属中学に編入学した。あとのビルマ人留学生は、熊本医専、久留米大学、宮崎農業専門学校、広島高等師範学校などに分散して入学する。テットゥンは四人の仲間と広島高等師範学校へ行くことになった。

広島は川と橋が多い美しい水の町で、「東洋のヴェニス」と呼ばれていた。テットゥン達ビル

Aug. 23 '99
Sagain 市場

マ人五名、マレー人三名、インドネシア人九名、フィリピン人三名の宿舎は、元安川の畔にある二階建ての興南寮だった。日支事変で片脚を失ったという比較的若い寮長と、身のまわりの世話係りの中年の寮母が迎えてくれる。

寮生一同は間もなく広島の生活が東京よりはるかに厳しいものだということに気がついた。煮炊きや暖房のための燃料は自分達で指定された山の上から運ぶように命令される。夕食はほとんど毎回粥《かゆ》で、青年達の胃袋は満たされたことがない。絶え間ない空襲は彼等を情ない気分にさせた。ますます下り坂になった戦局が原因であろう。

この年、一九四四年二月にはマーシャル群島のクェゼリン、ルオット両島に米軍が上陸、日本の守備隊が全滅した。刻々米軍が日本へ近づいてくるのが明白であるにもかかわらず、ラジオや新聞は日本軍兵士の勇気を美辞麗句で称えるような報道をする。

又、祖国に於ては、三月初頭からビルマ奪回を狙う連合軍の拠点、インド・マニプール州のインパールを撃つ目的で、日本軍の「インパール作戦」が開始されていた。大本営発表は常に全戦全勝のニュアンスで報道されるが、昼なお暗く道なき道のアラカンのジャングルをどうやって行軍するのだろうか。暗澹《あんたん》とした気持になるのをどうすることも出来ない。果してこの戦いは大失敗に終り、七月四日終に作戦中止命令が出た。人的損害はどの位であったのであろうか。最早、留学生達は大本営発表を素直には信用しなくなっていた。であるからと言って、外部から特別の情報を得る機会とて何もなかった。日本人学生が時々、小声で囁き合うのを見ると、内容は聞こえなくとも不安を感じる。このような状況の日本に留学している自分達の将来を案じざるを得ないが、若さのエネルギーで何とかそれを打ち消そうと努力した。

八月一日には、昨一九四三年のこの日、日本から与えられたビルマの「独立」一周年記念会が行われ、広島市長が祝詞を述べた。テッㇳゥンはビルマ人留学生代表として答辞を読んだが、その中で、

「昔からビルマ人は東からのものであれ、西からのものであれ、あらゆる侵入者を如何に時間をかけても必ず撃退してきました。その子孫の我々もきっと同様のことを行うと確信しています」

と発言した。翌日この記事が地方新聞に掲載されると、早速一人の憲兵が寮にやってきて、テットゥンを呼び出し、

「君、昨日、市庁舎で述べたことは本気だったのか」

と聞いた。彼が毅然として、

「はい、勿論本気でした」

と答えると、不審な表情を顔に浮かべながらも、ただ一言、「そうか」という言葉を残して去って行った。回りの仲間達は非常に恐れて、その夜は互いにヒソヒソと案じ合っていた。しかし幸い、その後は何事もなく過ぎた。

十一月下旬、バ・モオ国家代表が国賓として招かれ、再来日した。テットゥンは通訳を命じられて広島から上京する。国家代表はホテルのスイートルームに彼を呼び、

「日本軍占領地に於ける今後の日本の政策はどういうものと君は思うか」

と尋ねた。十八歳になったばかりのテットゥンは、日頃胸の内に秘めていた気持をはき出すように、

「日本の新聞や雑誌、日本人同士の会話、そして何よりも現在日本軍の占領地での行動から判断しますと、日本の占領地政策には征服と搾取があるのみです」

と思わず本心を述べてしまった。バ・モオ氏は、しばらく彼をじっと見つめていたが、

「わたしもそう思う」

と静かに言った。そして翌日、日本政府主催の晩餐会のスピーチで、

「日本は現在の東南アジア諸国に於ける態度を根本的に正さなければ、今後種々の困難が発生することは必至です」

と思い切った発言に及んだ。通訳の任にあったテットゥンは、この直截的な表現をほんの少し間接的な言い回しに変えたものの、胸のすくような思いがした。

この頃のバ・モオ国家代表は、前年に日本から与えられた「独立」が、夢に描いていたものとは全く異る「傀儡《かいらい》政権」に過ぎなかった事実を痛感し、燃える愛国の情と日本側の圧力の間にあった。その悩みは如何ばかり深刻なものであったろうか。そのような彼に、前日のテットゥンの一

途な進言が大きい勇気を与えたことだけは間違いあるまい。

テッ卜ゥンによれば、「連合軍のラングーン奪回の日も遠くないことを察知していたバ・モオ国家代表は、万一緊急時到来の折には、首都在住の市民と仏教国ビルマの象徴である文化財、シュウェダゴン・パゴダを戦火から守るために直ちに日本軍は敏速に撤退して欲しい」と、この期を利用して日本政府に直訴したという。このことは、バ・モオの著書『ビルマの夜明け』にも記してあるから事実であったのであろう。

食物の質がますます落ち、量も一段と減って学生達は相変わらず空腹になやまされてはいたものの、学校の授業は順調だった。

広島高等師範学校では、主として歴史、一般文化、哲学、文学などを学んでいたが、何れも興味深いものだった。長く寒い冬がようやく過ぎて春休みに入ると、一同は二学年に進級してからはどんな学課を学ぶのだろうかと、楽しみにしながら話し合っていた。そんなある日、突然テッ卜ゥン、コオ・ソウ、チェン・ポオに京都帝大への転学命令が来た。広島に来て丁度丸一年である。理由は知らされなかったので事情の分からないまま、三人がともかく荷物をまとめていると、交替に、マレーとインドネシアの学生が京都から広島へやってきた。この突然の転学命令がテッ卜ゥン達の命を救うようになるとは、この時誰が考えたであろうか。

ところで戦局は、前年後半から急坂を転げ落ちるように悪化をたどっていた。一九四四年六月のサイパン島に続いて七月にはグァム、テニヤンの全滅及びインパール作戦中止、十月のレイテ沖海戦の失敗及びレイテ島の放棄、明けて一九四五年二月には硫黄島の悲劇が加わった。一方国内に於いてもB29の空爆が日増しに激しくなり、名古屋、大阪、神戸を始め日本の主要都市は次々と焼野原と化してゆく。ついに三月九日夜半から十日未明にかけての東京大空襲は、B29三百機の波状攻撃により二十二万戸焼失、死傷者十二万人、罹災者百万人余という被害をもたらせるに至る。しかも四月上旬には、米軍が沖縄に上陸して日夜死闘が行われつつあった。

このように風雲急を告げる時期に、テットゥン達は京都帝大での学習を始めたのである。しかし、ここ京都だけは空襲もなく、戦禍から免れている不思議な平和郷であった。

京都は四方を緑の山に囲まれた盆地の中央にあって、無数の寺のある落ちついた古都であった。仏教徒のビルマ人にとって、心のなごむ町である。

広島からの三人組に加え、久留米から二人、宮崎から一人、その上一九四四年の第二次南方特別留学生も数人入学したので、京都帝大のビルマ人留学生は大変にぎやかなグループとなる。理学部、農学部、工学部、経済学部、文学部、法学部と各自志望する学部に落ち着いた。

テットゥンは将来ビルマで教育行政官になりたいと思い、法学部に籍を置いた。ここで六法全書が日本の法学において聖書の如き存在であることを知る。憲法、民法、商法、刑法などの授業を熱心に受ける。講義はすべて立派な教授による非常に高度なものであった。専門科目以外の必修の一つに「経済」があった。この授業を担当したのは蜷川《にながわ》博士で、その見事な講義は留学生の間で話題になった。博士は戦後長く京都府知事を勤めた人である。又、後にノーベル賞に輝いた湯川博士も、若き物理学教授として理学部で教えていた。

京都帝大の学生達は極めて優秀で、彼等との学問上のディスカッションは、まことによい刺激となる。しかし既に多くの学生が学徒動員で大学を去って居り、在学生の数は本来よりずっと少ないとのことだった。

京都におけるビルマ人留学生の寮は、京都帝大フットボール場の側にある北白川荘だった。ここでは安達さんという二十代のきれいな女性が世話係りで、とても親切にしてくれた。着物がよく似合う、鼻すじの通った色白の美人で、しとやかな物腰が魅力的だった。

彼女が筆で美しい字を書くことを発見したコオ・ソオは急に習字に興味を示し始め、彼女に個人指導してもらうようになる。どうも本当の理由は習字自体にあらず、安達さんが自ら彼の手を取って筆の運びを教えてくれるのが何ともうれしかったということだったらしい。

実はコオ・ソウ一人だけではなく、ビルマ人留学生全員がこの女性に憧れてしまい、それぞれ彼女と何とか親しくなりたいものと考えていたのである。テットゥンの表現によれば、「それは『白雪姫と七人の小人』ならぬ、『大和撫子と九人のビルマ青年』といったところ」だったのだそうである。

ところが安達さんの方が心を寄せたのは、何とほとんど笑顔を見せたことのない真面目を絵で描いたようなトゥン・ミンで、宮崎農業専門学校が不満で京都帝大に転学してきた学生だったのである。勿論トゥン・ミンも彼女のファンの一人であったから、二人は間もなく相愛の仲となる。他の八人は、最年長のトゥン・ミンに敬意を表して引き下がらざるを得ず、ことの成り行きをただ羨しく眺める存在となってしまった。

この二人が大分親しくなった頃、藤本と称する私服の特高らしき男性が、しばしば安達さんを訪ねてくるようになった。九人の学生はこれがひどく気になって、その都度別室での会話に聞き耳を立てる。すると、どうも藤本は安達さんに逐一寮生の言動について聞き糺《ただ》している様子なのだ。安達さんもこれに答えて、つぶさに報告しているように見受けられる。九人は急に心配になった。

「もしかすると、安達さんはその筋から送り込まれたスパイじゃないか」

青年達はさんざん悩んで相談した末、ある日、九人が安達さんを囲んで質問ぜめにした。彼女は急変した学生達の態度に仰天し、極力彼等の疑いを否定して弁明したが、興奮した学生達は追求の手をゆるめなかった。互いに愛し合っている筈のトゥン・ミンまで一緒になって詰め寄る様子に愕然《がくぜん》とした安達さんは、一瞬意を決したかのように、つと立ち上がると開いていた二階の窓から身を投げようとした。驚いた傍らの学生二人があわてて抱き止め、かろうじて難なきを得た。

思いもかけぬ自殺未遂事件を眼の当りにした九人は、大好きな安達さんを一寸した思い込みでこんなに苦しめてしまったことを大いに反省し、心から謝罪した。そして「彼女を責めるより藤本にじかに話してみよう」ということになる。

何も知らない藤本が安達さんを又訪ねてきた時、今度は九人が彼を囲んだ。

「あなたがもし私達の言動を知りたいのなら、安達さんを通さず直接我々に聞いて下さい。私達は南方特別留学生として、日本政府に招かれて来日し勉強している学生なのですよ。どうして日本の国に背くような行動をとる理由があるのでしょうか。それでも疑わしいと言うなら何なりと我々を調べて下さい。持物も点検したらいいでしょう。安達さんをつかまえては、こそこそと我々の様子を探るようなことは今後絶対にしないで下さい」

ときつく言って帰した。藤本は二度と寮に現われなくなった。

安達さんとトゥン・ミンそして八人の学生達には再び平和が戻ったが、実のところ彼女と藤本の真相は今以て誰にも分からない。ともあれ、京都の生活は四か月後の終戦で幕を閉じ、トゥン・ミンと安達さんの淡いロマンスにも終止符が打たれてしまった。

北白川荘時代、テッ卜ゥンは二人の仲間とドイツ語のプライヴェト・レッスンを受けていた。先生はマダム・ロゼ・レッサーで、元京都帝大教授の未亡人だった。夫人のもとには、かわ子とあきらという年頃の姉妹もレッスンに来ていた。二人共彫りの深いエキゾティックな顔立ちの美少女だった。物理専攻のラ・ニュンは、かわ子と気が合ってすぐ親しくなった。テットゥンとももう一人の仲間のラ・トオは二人揃って、あきらに心をひかれるようになる。しかしテットゥンは年少であることの遠慮から自ら引き下ってしまった。このようにして折角意中の人を友人に譲ったにもかかわらず、終戦はあきらとラ・トオにも悲しい別れをもたらせた。

しかしテットゥンの胸裡には、戦後祖国ビルマに帰った後も、あきらへの思いが残っていた。一九五六年十月、世界銀行副頭取に出世した彼が、ワシントンへの赴任途上わざわざシカゴに寄り道をした。GIと結婚してシカゴに住み、離婚後も同市に在住と聞いていたあきらに一目会いたいと思ったからだ。首尾よく彼女に会えたものの、新しいボーイフレンドが終始彼女にかしずいていて、何も話らしい話が出来ずじまいだったそうだ。

「よくよく、あきらとは縁がなかったんですね」

美しいテットゥン夫人が傍らでお茶の支度をしているというのに、彼は悲しそうに目を伏せた。

平穏な京都にいると、つい現実から目が遠のいてしまいがちだが、全国の主要都市が次々と焼土と化していくうち、ついに八月六日広島に原子爆弾が投下され、さすがの京都の住民も背筋が寒くなる。つづいて九日の長崎の原爆投下、そしてとうとう八月十五日の敗戦を迎える。

天皇陛下の終戦の詔勅を、大学で教授も学生も頭を垂れて聞いた。この瞬間から日本国中が忌中のような悲しみに包まれてしまったように見えた。テットゥンは、「ああ、戦争は終ったんだ」

という安堵感が湧いてくる一方、祖国ビルマの運命と、自分を含めた在日ビルマ人の今後の身の処し方など皆目見当がつかず、不安な気持に落ちこむ。

終戦数日後、広島からマレー人留学生のオマールが命からがら京都へ逃げてきた。彼はジョホールの弁護士の息子で、背が高く容貌がテットゥンによく似ていたので、仲間から「マレーのテットゥン」と呼ばれていた。この春、広島の興南寮のテットゥンの部屋に入れ替って入った学生だ。彼からその日の様子を聞く。

オマールは八月六日の朝八時過ぎ、寮の自室でズボンにアイロンをかけていたのだが突然ものすごい閃光を浴びて失心した。どの位時間がたったのか、意識がもどると寮は全壊していて自分は瓦礫《がれき》の中に横たわっていることに気がついた。幸い怪我はなく体も動く。友人エスフは？と探してみると、寮の外で全身焼けただれて即死していた。何事が起きたのか理解出来ず、しばらく放心状態だったという。広島市は一瞬にして全滅し、地獄絵そのものの状況は直視するにしのびなかったそうだ。

テットゥンの許に来たオマールは、時々吐き気がしたり頭髪がやたらと抜け落ちてくる以外、気分は余り悪くはなかった。八月末、たまたま在東京ビルマ大使館から翻訳の依頼で呼び出しを受けたテットゥンは、いささか後髪をひかれる思いで彼を残して上京した。ところが数日後、思いがけないニュースが大使館に入り愕然とする。オマールの容態が急変し緊急入院した京大付属病院で、九月三日ついに帰らぬ人となったというのだ。

あたかも自分の身替りのように広島で原爆に遭遇してしまったオマールを、テッットゥンはいつまでも忘れられない。戦後四十一年目に、ようやく訪日の機会を得て、京都の円光寺墓地にひっそりと眠るオマールの墓を訪ね、万感の思いと共に心から冥福を祈ったという。


一九四五年十月中旬、第一次及び第二次南方留学生の全員、士官留学生七十名、その他合わせて約百四十名の在日ビルマ人は、空路と海路の二組に分かれて帰国の途についた。ビルマ大使館付武官、ボオ・セッチャの進駐軍との適切果敢な折衝のお陰である。

テッットゥンの組は、厚木から空路沖縄へ出発し、一泊後フィリピンのクラーク基地まで飛んだ。もう一つの組は横浜から船でマニラへ向かった。二組はマニラで合流し、一同揃うのを待って英国船でシンガポールへ送られる。数泊の後、ダコタ機に分乗して懐しいラングーンのミンガラドン空港へ到着した。飛行場から英軍のトラックに乗せられたが、思いもかけず、市内の精神病院へ連れて行かれてびっくり仰天した。何とその理由は、戦争中二年間余も敵国日本に留学していた青年達は、日本軍人に洗脳されて精神異常になっているに違いないと、復帰したばかりの英領ビルマ政庁が判断したからなのだそうだ。あわてた一同は全員正気であることを極力説明し、ようやく了解を得て解放された。

二年余り留守にしていた祖国ビルマは再び英国の植民地にもどっていたが、一九四八年一月、真の独立を勝ち取るまで紆余曲折の苦しみを味わう。

帰国した南方特別留学生は、その後変転する祖国にありながらも、大半の者が再度ラングーン大学で専門の学問を修めた後、社会人となってそれぞれの運命を辿った。なかには出世をして社会的にも国際的にも活躍した者もいる。しかし今日までにすでに半数以上が他界して居り、現在生存しているかつての第一次留学生は僅か七名である。

テッ卜ゥンは帰国後ラングーン大学を卒業し、英国に留学して経済学士号を得た。日本留学時代の法学士への夢は大分変ってしまった。

一九五八年、ラングーンでドオ・キン・キンと結婚し、二人の男の子に恵まれた。国家計画省中央統計経済局長を経て、一九七五年には駐仏ビルマ大使に抜擢《ばってき》され、七九年にはパリのユネスコ・アジア局長に就任して活躍した。一九八六年退職し、以来ラングーンに在住して悠々自適の毎日を過ごしている。現在は主として著作に専念し、そのなかには日本の思い出や日本に関するエッセイもあるという。

ラングーンの目抜き通りのひとつ、プロム・ロードから少し折れて奥に入った閑静な住宅地の一角にテッ卜ゥンの住まいはある。広い芝生の庭が見渡せる広間で、現在の彼にかつて南方特別留学生であったことの感想を尋ねてみた。

ウー・テットゥン　ヤンゴンの自宅にて（94年８月）

「日本への留学は感謝こそすれ、ひとつも後悔などしていません。祖国に留まっていれば、大学閉鎖で無為な二年半を送るところでしたから……。戦時下にもかかわらず、我々は多くの立派な教授方から非常に高度な講義を受けることが出来たのです。実は帰国命令が出た時、京都帝大の九人のビルマ留学生は全員『戦後も京都に残って勉学を続けたい』と強く希望して、ボオ・セッチャを困らせた位だったのです。日本の学生とはもとより、アジアの他の国々の留学生とも親しくなれたことは本当に幸せでした。昨一九九五年八月に、戦後五十年を記念して『南方特別留学生同窓会』が東京で開催されました。招かれて出席しましたが、そこで懐しい人々に半世紀ぶりに再会出来て感慨無量でした」

彼は更に続けて、

「留学中、学問の他にも『人生はすべて努力である』ことを学びました。お陰で帰国後は常にこの言葉をモットーとして充実した人生を送ってくることが出来たのです」

と、満足そうに微笑んだ。

又、天皇の戦争責任に関しては、

「天皇の責任は大いにあると思います。しかし戦時中の日本はミリタリズム一色でしたから、天皇といえどもそのイデオロギーから抜け出ることは不可能だったでしょう。その上、天皇は戦前戦中は日本政府と軍部に、戦後は米国にまで利用された気の毒な立場にあったと理解していますす」

という見解だった。

冬休みにロンドンから両親と共に遊びに来ている小さい孫二人がチョロチョロする姿に暖いまなざしを向けるテットゥンは、幸せそのものの「おじいちゃま」だ。

因に、一九九五年に出版された、じっこくおさむ著の『ミャンマー物語』には、テットゥンとの四十年ぶりの再会の様子が感慨深く書かれている。著者の本名は草薙正典。彼はその昔、陸軍ラングーン日本語学校で、テットゥンに日本語を教えた先生の一人だったのである。

南方特別留学生 2

自主退学

ヤンゴンの自宅で、にこやかに私を迎えてくれたマウン・マウン・ニュンは、長身の温顔の紳士であった。一九九四年十二月のことである。

その年の八月、テッドゥンの家で聞き取りをしていた時、ふらりと遊びにやって来た彼を紹介された。私の取材目的を知ると彼は目を輝かせて、「私も南方特別留学生の一人です。次回来緬の折にはぜひ我が家へもいらしてください。よろこんで協力します」と約束してくれた。そんなわけで四か月後に実現したインタヴューである。

空港方面へ向うプロム・ロードを都心から少しはずれたところで右折するとそこがモウラワディ通りで、奥まったところにマウン・マウン・ニュンの家がある。この閑静な住宅街に並ぶ広い庭つきの屋敷四、五軒にはそれぞれ身内が住んでいるということで、彼自身の住まいはほぼその中央にあった。マリーゴールドの花壇と芝生の奥に、コンクリート造りの比較的新しい平屋が

ウー・マウン・マウン・ニュン　ヤンゴンの自宅にて（95年）

建っている。玄関の大きなドアを入るとそのまま広間で、正面のソファをすすめられて腰をおろした。二十畳位のその部屋は余り飾り気はないが、チークの床がきれいに磨かれていて素足に気持がよい。玄関わきの壁添いに立派な本箱があり、洋書がきちんと並べられている。私の座った右側には大きな窓を背にして籐の椅子が置かれていた。その窓からも入口の左にある広い窓からも朝の光がさし込んでさわやかな気分になる。ヤンゴンの十二月は一年のうちで最も涼しく、しかも夏服で過ごせる快適な季節なのだ。しかしマウン・マウン・ニュンは、「寒いですね」と言ってウールのマフラーを巻いている。一年の大半が厳しい暑さのこの土地の人達にとっては、このすばらしい気候も「冬」なのかもしれない。

一九二四年一月一日、マウン・マウン・ニュンはラングーンで、父、トゥン・イーと母、タン・セインとの間に末子として生まれた。この家は不幸つづきで、彼の誕生以前に六人の兄がこの世を去って居り、母も彼が二歳の時他界してしまった。ただ一人の姉、キン・タン・イーは虚弱児で、十代半ばには髄膜炎の後遺症で失明する運命を背負ったのである。母を失った幼い姉弟は母方の叔父夫婦に育てられた。

やがて就学年齢に達すると、二人はラングーン北方約百七十キロのタウングーという町にあるイタリヤ系カトリックの小学校に預けられた。マウン・マウン・ニュンは、ここでの五年間でみっちり英語の基礎力をつけたという。卒業後ラングーンに戻り、国立の中学と高校を経て一九四〇年ラングーン大学一般教養部に入学し、希望に胸をふくらませながら経済、英文学、数学等を学び始めた。ところが翌一九四一年十二月八日、太平洋戦争勃発、一か月後には日本軍がタイ国境からビルマ国内に侵攻し、大学は閉鎖されてしまった。

一方、父は母の死後再婚して、しばらくラングーンで公務員として家畜交配の仕事に携わっていたが、数年後モールメインに転任した。十二月末から始まったラングーンの連日の空襲に身の危険を感じたマウン・マウン・ニュンは、既に視力を失っていた姉を連れて父の転任先へ逃れた。しかし、そこには父の後妻と二人の間に生まれた幼い弟や妹がいて、落ちついた気分にはなれなかった。やがてモールメインも戦火にさらされるようになって、一家は近郊のシュウェジン村へ疎開した。継母の叔父の家で世話になったのだが、姉弟はここでも肩身の狭い思いを重ねた。

一九四二年が明けると間もなく、ボオ・ズィン・ヨオの率いるビルマ独立義勇軍（ＢＩＡ）の小隊が隊員募集の目的でモールメインからシュウェジン村へやってきた。小隊長ボオ・ズィン・ヨオは海南島で南機関による厳しい軍事訓練を受けた「三十人志士」の一人である。

このボオ・ズィン・ヨオが父にぜひマウン・マウン・ニュンをＢＩＡに参加させるようにすすめたのだった。

「今こそ日本軍と力を合わせて長年英国植民地として虐げられてきた祖国ビルマを救い、独立を勝ち取る時が到来したのだ。一人でも多くの若者に立ち上ってもらいたい。愛国の闘士として勇気を以てビルマ独立義勇軍に加わって欲しい」

と熱を込めて訴えた。大いに愛国心を煽《あお》られた父とマウン・マウン・ニュンは直ちに決心しかけたのだが、思いがけずもその時、目の不自由な姉が「何としても駄目だ」と泣いて止めたのである。頼りにしている最愛の弟を耳にしたこともないＢＩＡという義勇軍に参加させるのが余程不安であったのであろう。日頃無口でおとなしい彼女が、この時ばかりは、「入隊すれば必ず不幸が訪れる」と気の狂ったように父に縋《すが》りついて叫びつづけた。余りの真剣さと見幕に押されて、父と息子はついにＢＩＡ参加を断念した。

ところが数日後、ボオ・ズィン・ヨオと彼の小隊が村での募集を終了してモールメインの原隊に戻る途中「待ち伏せしていた英軍に隊員の大半が殺されてしまった」というニュースが入ってきた。シュウェジン村から応募した新兵数名も一度も戦わず運命を共にしたのである。マウン・マウン・ニュンはこの悲報に接し、はじめて姉の異常なまでの強い反対によって自分の命が救われたことを悟った。光を閉ざされた姉には常人には得られない予感が働いたのであろうか。

一九四二年末、一家はモールメインに帰った。英軍が撤退し、町は既に日本軍政下にあったが戦火は遠のいていた。彼はとりあえず自衛団に加わって町のために働き始めた。

翌一九四三年四月、日本軍の南方特別留学生の募集広告を目にする。父はこれに気持が動いた。しかし当のマウン・マウン・ニュンは、知り合って間もなく双方の疎開のために会えなくなってしまったガールフレンドのリリーと、海を隔てて更に遠く別れるのが残念で、気乗りがしなかった。しかし父に再三「とにかく受けるだけでも受けてみたら?」と勧められて、仕方なく面接試験を受けた。大変な競争率だと聞いていたので、受かる筈がないとたかを括っていたのだが、心外なことに合格してしまったのである。

ところがいざ合格してみると、青年マウン・マウン・ニュンには俄然「やる気」が湧いてきた。祖国に留まっていても教育機関が閉鎖され勉学のめどはつかない。それなら心機一転、未知の国日本での留学生活に挑戦してみよう。彼は夢と希望に胸を踊らせた。

五月から六月にかけてのラングーンに於ける準備訓練も、日本への旅も、テッ トゥン等十五人のグループの一人として行動を共にし、六月末に神田猿楽町の孔雀寮に入った。但し、渡日途上立ち寄ったバンコクでは如何にも彼らしいエピソードがある。

到着翌日、各人五百バーツ（約二十五米ドル）を支給されて必要品購入のため街に出たまではよかったのだが、見る物聞く物すべてが珍しく、あちらこちらと気を取られているうちに虎の子を全額すられてしまったのだ。何も買わないうちに文無しになったマウン・マウン・ニュンは、仲間のカンパで遠慮しながら買物をすませたという。彼は堂々とした体格で一見落ちついているように見えるのだが、実は少しばかりおっちょこちょいの愉快な青年だったらしい。

目黒の国際学友会での学習が始まってしばらくすると、仲間のテットゥンが妙なことで悩み始めた。テットゥンは最年少であるにもかかわらず、日本語の能力が抜群であったため最初からビルマ人留学生十五人の班長に選ばれていた。

班長の役目のひとつに点呼がある。毎朝寮を出発する直前、全員に号令一下、人数の点検をする。確認後グループを組んだまま電車を乗り継ぎながら中目黒の国際学友会へ行く。到着すると再度人員を確かめる。

ところがどういうわけか出発の際には確かに十五名いた仲間が、学友会到着直後の点呼では一名不足するのである。これが週二回か三回の割合で起きた。班長はその都度、点呼に立ち会う教師から監督不行き届きを注意されて恐縮する。不思議なことに行方不明になるのは決まってマウン・マウン・ニュンだった。彼は点呼には間に合わないが授業には何喰わぬ顔をして出席しているので、何も知らないクラスの教師には睨まれないですんでしまう。

帰途にも同様なことが何度も発生した。テットゥンがどんなに気をつけていても、学校から寮へ帰る途中で消えてしまうのだ。しかも夕食時にはすましして帰寮しているのだから寮長も文句が言えない。班長はカッカッするのだが二歳年長の彼に注意するのには相当の勇気が要る。しかしついに我慢の限界に達したテットゥンがある日思い切って、

「お願いです。どうか行き帰りの途中で消えないでください。班長の責任になってしまうので非常に困るんです」

と申し出るとマウン・マウン・ニュンは、にこにこしながら、

「ああ、いいとも。これからは必ず皆と行動を共にするよ」

と、いとも素直に答えてくれたものの一向に奇怪な行動は改まらなかった。

国際学友会時代のテットゥンにとって、この件は終始頭の痛いことであった。しかし東京滞在中は、ついに未解決のまま過ぎた。

この間の事情を当のマウン・マウン・ニュンに聞いてみると、彼は俄然うれしそうな表情になり、遠い昔が戻ってきたかのように話し始めた。

最年長のトゥン・ミンには、東京にガールフレンドがいた。長年、在日特派員をしていたドイツ人の父と日本人の母との間に生まれたマリオンという十六歳のハーフである。

「ひらきかけたバラの蕾のように初々《ういうい》しい少女でした」

と、マウン・マウン・ニュンは言う。彼はふとした機会にトゥン・ミンからこの娘を紹介された。気を遣った彼は自分から近づくことを極力遠慮したにもかかわらず、マリオンは無邪気に好意を

寄せてきた。彼女は以前通りトゥン・ミンとの交際を続けていたが、マウン・マウン・ニュンに対しても全く悪びれた様子がないので、二人の間にはさわやかなつき合いが保たれた。

「トゥン・ミンは頼り甲斐のある立派な青年で、彼女は心から信頼していたようです。通学していたインターナショナル・スクールが閉鎖され、そこを国際学友会が使用していた事情もあったので、今後の教育問題などの相談に乗ってもらっていたのでしょう。しかし真面目一方の彼よりは、僕の方が若い女の子を楽しくさせる話題をいくらか余分に持っていたのかもしれません。僕だって若くてかわいい女の子が近づいてきてくれればうれしいですからね」

つまり、マウン・マウン・ニュンはマリオンのエンターテイナーを自ら喜んで引き受けていたということらしい。

しかし、彼にとって学習と寮生活の合間にデートの時間を如何につくるかが問題であった。休日にはトゥン・ミンがマリオンとゆっくり会っているので、そこへ彼が割り込むわけにはゆかない。勢い平日に限られる。そこで、次のような名案を考え出して実行に及んだのである。

毎朝、出発前にテットゥンの点呼を受けると、一同揃ってお茶水駅で電車に乗る。デートの日には、皆と一緒に乗車するような振りをしながら、実際はホームに残る。そして物陰に待っていたマリオンと手を取り合って、次の電車に飛び乗る。神田駅で地下鉄に乗り換えて渋谷へ、そこから再び省線で恵比寿へ、短くあわただしいが愉快なひとときをすごし、次の約束を決めて別れる。

「これだけのことなんですよ。ひと電車遅らすだけですから授業には十分間に合いますし、学習には何ら差し支えもないんです。こんなちょっとした工夫で彼女とたわいないおしゃべりが楽しめるんですから、テットゥンには気の毒でしたが止められませんでした」

帰途消える時も同様の手を用いたが、たまには途中下車をして、駅の近くの公園などで語り合うこともあったという。しかし戦時中のこの時期に、若い外国人男女が並んでベンチに腰掛けているのは余りに目立ちすぎた。残念ながら、そう何度もというわけにはいかなかった。

トゥン・ミンが二人のデートを知っていたかどうか聞いてみると、

「さあ、それは僕にも分かりません。万一知っていたとしても、彼は僕よりずっと大人でしたから、気にもかけないで、兄のようなやさしさで彼女とのつき合いをつづけていたのだと思います。ともかく彼と僕との友人関係は、変わることなく今日までつづいていますよ」

マウン・マウン・ニュンは、ほほえみながら答えた。

国際学友会の学習が終了した一九四四年四月上旬、農学を専門にと希望したマウン・マウン・ニュンとトゥン・ミンは、宮崎農林専門学校へ入学した。

校庭内に寮があり、マレーからの三人とジャワからの五人と共に入寮する。全寮制なので、日本人学生も大勢いた。留学生と日本人学生が二人一組になって一室を与えられた。マウン・マウン・ニュンは、高木直道という学生と同室になり、彼に「門文仁蘊（モンモンニウン）」と日本名をつけてもらった。全員カーキ色の国民服が支給された。

第一学年は特別学級と称され、まだ専門の科に分かれていなかった。道義、人文、教練、国語、数学、理科のほかに、農業と畜産の実習や理科の実験があった。八キロも離れた住吉牧場付属農場で行われる農業実習は、徒歩で往復したので、重労働後の帰途は疲れが身にこたえた。畜産実習は、牛馬と鶏の世話程度であったが、稲作は学校付属の水田でみっちり指導された。

このように実習という名のもとに自給自足が行われていたので、米と野菜にはあまり不自由しなかった。しかし魚は、海が近くても人手不足で入手が困難だったし、肉に至ってはほとんど口にすることが出来ない。そこで、学生達の楽しみは、近くの「何でも屋」でときたま密かに売ってくれる肉を求め、野菜とごった煮にして栄養補給をすることだった。ところがある日突然、この店に警察の手が入って閉店、主人も姿を消してしまったのだ。やがて伝わってきた噂によると、彼等が喜々として購入していたのは何と犬の肉だったのだという。学生達は愕然として思わず目を見合わせたが、すべてあとの祭であった。

入学以来、一週間の半分以上を教練と農業実習に費やし、教室での授業は少なかった。あったとしても、その内容の程度が低かったため、マウン・マウン・ニュンとトゥン・ミンは期待を裏切られて大きい不満を抱いた。その上、教師達に次々と赤紙がきて応召してゆき、学校側は人員の穴埋めが出来ず、その授業時間をすべて実習にまわしたのである。二人は、

「これでは食糧増産と自給自足に学生達を利用しているだけではないか。我々はなにも毎日畑

で働くために遠いビルマからやってきたわけではない」

と怒り心頭に発した。

この憤懣やるかたない状態の矢先の九月にバ・モオ首相が来日した。前年八月に日本軍政下、名のみの「独立」をした祖国の代表は、「三十人志士」出身の国防大臣アウン・サンと秘書官ボオ・ヤン・ナインを伴って、東京に滞在していた。そして、南方特別留学生全員にぜひ会いたいと希望したため、各地の大学や専門学校に散在していた留学生が急遽東京に集合した。

宮崎から駆けつけたマウン・マウン・ニュンとトゥン・ミンは、この好機を逸することなくビルマ大使館に出向き、宮崎農林専門学校の現状が如何にひどいものであるかを力説し、二度と宮崎へは帰りたくないと強く訴えたのである。大使館では、陸軍武官のボオ・セッチャが会ってくれたが、二人の話を聞いて非常に困惑した。しかし両人が連日面会を求めては、繰り返し何とかしてほしいと懇願しつづけるので、ついにその熱心さに負け、「それでは、日本当局に打診してみよう」ということになった。先ず、国際学友会に相談してみると、「とんでもないことだ。是非思い直して直ちに宮崎へもどるように」という意向である。だが当の宮崎農林専門学校は、「学内に残っている学生達に悪影響を与える二人であるから」という理由で帰校をきっぱり拒否してきた。こうして結果的に二人の切なる希望は、思いがけずすんなりと通ってしまったのである。

大喜びのトゥン・ミンは早速、京都帝大の編入学試験を受けて合格し、テットゥン達のいる京都へうれしそうに発っていった。一方マウン・マウン・ニュンが宮崎で抱いた挫折感には、より深刻なものがあり、「もうどこの学校へも行きたくない」とボオ・セッチャに泣きついた。彼の心の傷があまりにも深いことを察知したボオ・セッチャは、自身で責任をとることにした。即ち、六本木の自宅に彼を引きとり、オート三輪の運転手兼雑用係りとして雇ってくれたのである。恩に感じたマウン・マウン・ニュンは早速、配給品の受けとり、闇の食料品の買い出し、その他の使い走りに奔走し始めた。そしてこの生活は終戦を経て帰国まで続いたのである。

実はボオ・セッチャが彼にここまでしてくれたのには他にも理由があった。ボオ・セッチャ夫人のヴァイオレット・チョウ・ディンはマウン・マウン・ニュンの遠縁であった。頼る人のいない彼は、かねて宮崎から何回か学内の状況の悪さと不満をこの夫人に手紙で訴えていたのである。夫人は彼に同情していた。それに加えて、彼が今回上京した直後、一人のフィリピン人留学生がソ連に逃亡するという事件が発生したのだが、それに触発されたマウン・マウン・ニュンが「どうしてもどこか学校に行かねばならないのなら、自分も国外逃亡をしたい」と夫人に洩らしたのである。驚いた夫人は、そのような行為が如何に危険であるか、又ビルマにとってどんなに不名誉なことになるかを説き、思いとどまるよう懇々とさとした。一方、彼女は夫を説き伏せ、彼を自宅に引きとって万事まるく治めることができたという次第であった。

ボオ・セッチャは、ドイツ人を父に持つビルマ人で、彫の深い顔立ちの軍人だった。彼も「三十人志士」の出身で、来日前はビルマ国民軍（BNA）の幹部の一人として、国防大臣アウン・

サンの配下にあった。ＢＮＡとは開戦時編成されたＢＩＡ（ビルマ独立義勇軍）がその後ＢＤＡ（ビルマ防衛軍）と呼称を変えたのだが、「独立」した際、再度改称した軍隊である。

彼は日本軍に協力する形をとり続けながらも、早くからアウン・サンを筆頭とする、元「三十人志士」のメンバーと共に日本軍政に疑問と反感を抱いてきた。実権を伴わない形のみの「独立」しか与えてくれなかったからであった。用心深く、日本軍へ反旗をひるがえす機をあたためていたアウン・サンの態度に同調しきれず、気のはやるボオ・セッチャは、ひそかに在インドの連合軍と連絡をとった。ところが間もなくこの行為が日本軍に露見してしまった。上司として一見、窮地に立たされたかに思われたアウン・サンは、この時慌てず、

「このような人間をビルマ国民軍に置いておくわけにはまいりません。直ちに陸軍武官という名目で東京の大使館へ送ってください。そうすれば日本政府が直接且十分、彼を監視することが出来ます」

と説いて、バ・モオ首相を介し、首尾よく実現させてしまったのである。この時、日本側は、アウン・サンの巧妙な計画が全く読めていなかったのだ。

こうして一九四三年末、ボオ・セッチャは在東京ビルマ大使館付陸軍武官として来日した。彼は出国前、アウン・サンに指示されていた通り、着任すると早速、その地位を利用してソ連大使館の陸軍武官に近づき、急速に親しくなって互いに情報を交換するようになる。彼は、日本国内では把握し難い客観的世界情勢はもとより、自国の大使館でさえつかめないビルマ国内の刻々変

化する情況まで知ることが出来た。更にソ連の諜報機関を通じて、アウン・サンと直接、相互連絡がとれるところまで漕ぎつけると、ボオ・セッチャの諸般の判断力は正確を極めた。アウン・サンの方も、彼からの日本国内の情勢と戦況の実態の詳細を得て、将来の計画に重要な示唆と判断を与えられたのである。

勿論この作戦は、アウン・サンとボオ・セッチャ両人のみの極秘中の極秘事項であったから、ビルマ大使館さえ一切関知せず、大使も完全に桟敷の外に置かれていた。まして同居人マウン・マウン・ニュンは、当時は何ひとつ知る由もなかった。

留学生一同が来日した頃から既に悪化を辿りつづけていた日本の戦況は、日を追う毎に深刻になってきていた。一九四五年初頭からB29の日本全土へわたる爆撃も日ましに激しくなり、東京も三月九日深夜から十日未明への大空襲により浅草を中心とする下町が大半壊滅した。そしてついに四月二十三日夜半、赤坂、青山一帯が焼夷弾攻撃に見舞われた。

空襲警報が響きわたると同時に、マウン・マウン・ニュンは庭の防空壕に飛び込んだ。いつもの空襲とは違った異常な気配と音に包まれる。突然、壕の入口近くに一本の油脂焼夷弾が落下して、もの凄い閃光と何とも形容出来ぬ音と臭気を発して火を噴いた。目が眩む。頭の中が真白になる。恐怖のなかで、しばらく理解し難い騒音にさいなまれていたが、幸い火は壕の中には入ってこなかった。入口の焼夷弾が燃え尽きて、辺りが少し静かになった。用心しつつ外へ出てみる。

回りは一面炎に包まれていて、建物が次々と焼け落ちてゆく。映画のシーンのようだ。離れていても火に煽られて顔も手も火傷しそうに熱い。気を落ちつかせながら庭の奥を見ると、何とボオ・セッチャの家だけは硝煙のなかに奇跡のように建っているではないか。信じられない！　彼は呆然と立ちつくした。それでも自分が生きているという感覚は皆無で、

「ああ、命拾いをしたのだ！」

という感慨は大分時間が経過してからわいてきた。同じ思いのボオ・セッチャ家の人達と手を取り合ってよろこんだ。

この大空襲の翌日、ボオ・セッチャは夫人と幼い娘を伴って、箱根の別荘に疎開した。この日あることを予測して、かねてから準備してあった家である。マウン・マウン・ニュンは、焼野原に残った六本木の家を護るために東京に留まった。しかし、月に二度位は連絡と食料買い出しを兼ねて、車か汽車で箱根まで足を運んだ。どんなに遅くなっても、必ず日帰りで六本木に帰った。焼け残った家は狙われて盗難が頻発していたからである。

そのうち、被災した私費留学生二人と、第二回南方留学生の一人、ウィン・ティンが助けを求めてやってきて、一緒に住むようになった。マウン・マウン・ニュンは、このウィン・ティンから思いがけない故国のニュースを聞かされた。リリーがパコックの男性と結婚したというのだ。留学を決心した時から、この日のくることを恐れてはいたものの、やはり大きいショックを受けた。初恋のひとの面影が幻のように去来し、甘く切ない想い出が胸をよぎる。しかし彼は次の瞬

間、あえてその思いを断ち切り、うしろを振り向かないことを決心した。目前には、乗り越えてゆくべき厳しい現実が存在していたからである。

ボオ・セッチャの家から少し離れたところに副武官の住まいがあった。ここも幸い焼け残ったのだが、一家はやはり箱根に疎開してしまっていた。副武官の甥が留守をまもっていたところに、別の第二回南方留学生が助けを求めて住みついた。何の楽しみもない殺風景な生活ではあったが、ビルマの若者がこのようにして数人集まり、互いに助け合えたのは心強い限りであった。

日本の運命と祖国ビルマの将来は如何に……という憂慮が、マウン・マウン・ニュンの脳裏をかすめはしたが、現実の生活は悩んでいる暇はない位大変だった。遠くまで歩いて行った挙句、何時間も待たされて受け取る配給品の確保、入手困難なガソリンを苦心して購入し、オート三輪で往復する箱根との連絡、又、ボオ・セッチャからその都度依頼される東京での諸用を果すのにも通常の何倍もの時間と労力を要した。

無我夢中で動き回っているうちに、八月六日の広島、九日の長崎の原爆投下があった。悲惨な様子が噂で流れてきた。ボオ・セッチャは、原爆投下の次の予定地は東京らしいという情報をどこからか得たと言って、マウン・マウン・ニュンを通して、「東京在住のビルマ人は全員、一刻も早く箱根に来るように」と命令を出した。その言葉に従った総勢六十余人がボオ・セッチャの別荘に押し寄せた。大きな邸ではあったが、各室はもとより、廊下、台所、洗面所、風呂場に至るまで人で埋まってしまった。一同はこのような極限状態で八月十五日の終戦まで、ボオ・セッチャの世話になったのである。

日本の敗戦を知ると、ボオ・セッチャは妻子を残したまま直ちにマウン・マウン・ニュンを伴って帰京した。彼は早速、進駐軍と在日ビルマ人の帰国に関する交渉を開始する。今回も鋭い才覚を大いに発揮した。即ち、通常ではいつになったら帰国許可が下りるかわからないことを知った彼は、進駐軍の在日外国人帰国処理担当の大佐を強引に説得した。在日ビルマ人全員を特別待遇の戦争捕虜扱いで保護してもらい、迅速且安全な帰国の手配を約束させたのである。一方、大使を始め、自身を含めた大使館員と家族は別途、外交官としての資格を尊重し、丁重に帰国をすすめてもらうという手筈を取りつけた。大使と館員が取るべき方法も思いつかず、ただ肩をよせ合って相談を重ねている間に、ボオ・セッチャは孤軍奮闘、見事に同胞救出の道を開いたのである。

この時の彼の敏速果敢な行動と処置を、無事帰国できたビルマ人はその後も長く心からの感謝の念を以て讃えたという。

十月下旬、マウン・マウン・ニュンは、仲間の留学生と共に二年半ぶりにミンガラドン空港へ降り立った。最初の中継地、マニラのクラーク基地で支給されたＧＩ（米軍兵士）の制服制帽姿であった。

バスを乗り継ぎながら数日かかってモールメインの父の家へ帰った。父は元気で彼の帰宅を待っていて、再会をよろこんでくれたが失職してしまっていた。その原因がマウン・マウン・ニュンにあると聞いて愕然とする。返り咲いたばかりの英領ビルマ政庁の役人に、息子を南方特別留学生に出していたのが「日本びいきで許せない」と免官を命じられたのだそうだ。マウン・マウン・ニュン自身も日本帰りだというだけで、モールメイン市警察に出頭を命じられて尋問されたが、幸いこちらは大したことなく釈放された。

やがて父は、知人であった農林大臣の尽力で農務省農業局次長に復職し、再びラングーンへ移った。

マウン・マウン・ニュンは、ラングーン大学に復学したものの、一九四八年一月、ビルマが英国から真の独立を勝ち取ると、思うところがあって退学し、空軍将校となった。翌四九年に、ミン・ミン・イと結婚する。その後、パイロット教官の資格取得のために英国及び米国に留学し、順調に少佐まで昇級した。

一九六二年のネ・ウィンのクーデター後、ビルマ航空UBAに招かれ、航空機輸入のアドヴァイザーとして、母国の航空界の発展に寄与した。

一九七八年、駐独大使に抜擢され、更に一九八二年には駐パキスタン大使を拝命して国際的にも活躍した後、八五年に退官して今日に至っている。

私生活に於いては、ミン・ミン・イと離婚し、数年前にミョウ・ミンと幸せな再婚をした。現夫人は、ディプロマティック・スクール（インターナショナル・スクール）の院長で、気品のある五十代の女性である。彼女との間には子供がなく、マウン・マウン・ニュンは、隣家に住むかわいい盛りの姪のディディが庭伝いに遊びにやってくるのを心待ちにしている毎日のようだ。

目の不自由な姉はその後、聴力まで失って気の毒な体になっているが、彼は自宅に引き取って手厚い世話を続けている。昔、この姉に命を救ってもらったことを、今でも感謝しつづけているのであろう。

南方特別留学生　3

失意の人

ヤンゴンのテットゥンとマウン・マウン・ニュンが、タウンジーに住むトゥン・ミンをぜひ訪ねるようにと紹介状を書いてくれた。一九九四年十二月も残り少ない頃であった。

早速、車で六百五十キロ程北へ走り、シャン州のカローへ着いた。松林の中に静かに広がる高原の町である。電話をしてみると、先方の都合で私の宿泊しているカロー・ホテルを訪ねてくれることになった。

翌朝、トゥン・ミンは娘夫婦と婿の妹まで伴ってやってきた。やせぎすの長身、背筋をぴんとのばした白髪の紳士である。まず初対面の挨拶で、立派な容姿に似合わず妙にしわがれた苦しそうな声に驚いた。笑顔はめったに見せないが、白い眉毛の奥のまなざしはおだやかでやさしい。渡した紹介状に彼が目を通し終えた後、インタヴューの目的を詳しく伝えると、

「お気づきのことと思いますが、ここ数か月、声が思うように出ないのです。協力をしたいの

ウー・トゥン・ミン　カローホテルの前で（94年12月）

は山々ですが、長く話をしていると苦しくなるので短時間に願います」

と申し訳なさそうな顔をした。実際、インタヴューを始めてみると、彼の声は気の毒な程聞き取りにくかった。そしてこの条件のもとでは、肝心の日本留学時代の話はテットゥンとマウン・マウン・ニュンと重なる大筋しか取材出来なかった。しかし、トゥン・ミンがシャン人であるが故の帰国後の苦労と悩みはある程度聞くことを得た。

　トゥン・ミンは一九二一年、シャン州の州都、タウンジーに生まれた。町の高校を卒業し、ラングーン大学で化学を専攻する。二年生の後期、一九四一年十二月には戦争が始まり、大学は閉鎖された。ラングーンは日本軍の空襲が続いて危険状態に陥ったので、すぐ帰郷したかったが不可能だった。戦火が大変な勢いで北へ北へと広がり、タウンジーへの鉄道や幹線道路は随所で遮断されてしまったからである。明けて一九四二年三月には、首都ラングーンは陥落し六月には日本軍政下に入った。友人や知人を頼って避難生活を余儀なくされていたトゥン・ミンが、ようやく故郷に帰り着いたのは八月になってからであった。

シャン州は連合州として長年、英領ビルマ政庁の間接統治の下にあり、当時は四十余の藩が自治を行う政治形態にあった。しかし日本軍政下の非常事態で、ここでも教育機関は閉ざされてしまっていた。

失意のまま、無為の毎日に耐えかねていた一九四三年四月、南方特別留学生の募集があり、飛びついて応募した。約百人の受験者からトゥン・ミンを含む三人が選抜された。彼はシャン州代表の留学生の一人として、ラングーンへ送られた。

ラングーンでの留学準備学習後、六月末に渡日、国際学友会での基礎学習を経て、一九四四年、マウン・マウン・ニュンと共に宮崎農林専門学校に入学した。この学校に於けるトゥン・ミンの失望は一通りのものではなく、はけ口のみつからない不満を直接、学校当局にぶつけたので、かえって学校側を怒らせ、彼は更に不利な立場に追い込まれた。丁度その頃、上京の好機を得て、大使館のボオ・セッチャに無理を頼み、彼の奔走のお蔭でようやく京都帝大に転学させてもらった。

翌一九四五年四月から八月十五日の日本の敗戦までの四か月、短いながら充実した大学生活を京都で過ごした。彼をはじめ九人のビルマ人留学生は、戦後も京都帝大で勉学を続けたいと強く希望したが無論拒否され、一同十月下旬帰国させられた。

トゥン・ミンが故郷タウンジーに帰ったのは、その年の暮であった。彼は大学には復学せず、翌一九四六年初頭、「シャン州青年同盟」に加入して反英運動に手を染めた。しかしそれに飽き足らず、同志を募って「シャン州独立連盟」を結成し、自ら書記長を務める。この連盟は、シャン州が従来の藩王政治から民主主義自治政治へ移るべきであるとし、ビルマからの独立を目的とした。

そして一九四七年二月、シャン州中部のピンロン市で開催された「ピンロン会議」でのアウン・サンの提案事項には、現実的観点から概ね賛成した。シャン、カヤ、カチン各州の藩王達も賛同したこれらの条件は、独立後も各州は連合州としてビルマ連邦に加わり、議会政治の形をとることが許され、しかも十年後には分離も可能という有利な内容だったからである。

アウン・サンの献身的な国内に於ける奔走と、英国との交渉が実を結んで、一九四八年一月四日、ビルマは連邦国として英国支配から完全に独立し、六十二年振りに植民地から解放された。しかし主役を演じつづけてきたアウン・サン自身は一九四七年七月十九日、政敵ウー・ソオにより暗殺されて、この日のよろこびを国民と共にすることは出来なかった。「ピンロン会議」から僅か五か月後の悲劇である。

独立新政府が樹立されると、トゥン・ミンはシャン州選出の上院議員として、鉱工業省政務次官の職責を与えられた。二年間この職にあったが、時の首相ウー・ヌと意見が合わず、一九四九年十二月辞職した。政務次官の座にあった間に、シャン州ニャウン・シュウェの藩王の弟の娘、サオ・オン・チュウと結婚し、長男をもうけた。ニャウン・シュウェの藩王は英領時代、ビルマ初代の大統領を務めた人物であり、その弟、即ち妻の父親はシャン州の大臣であったという。藩王議会政治の反対運動員が藩王一族の娘を娶《めと》ったことは、何とも皮肉な廻り合わせと言えないだろうか。

トゥン・ミンは辞職後もしばらくラングーンに留まり、反政府グループに参加して、米国に傾いてゆく政府を批判していたが、一九五二年、決心してタウンジーに戻った。その年、長女ジャスミンが誕生した。

彼はその後も中央政府が期待通りには動いてくれないことに不満を持ち、シャン州の自治権拡張を目的とする運動を継続していた。一九六二年三月二日、ラングーンに於いて「ナショナル・セミナー・コンファレンス」が開催されたが、トゥン・ミンはシャン州代表の一人としてこれに出席した。

この会議では、シャン州代表とウー・ヌ首相が話し合い、シャン州自治権の大幅な拡張案を首相が呑む予定になっていたのだそうである。ところが以前からウー・ヌのシャン州に対する甘い態度に強い反対意見を有していたネ・ウインが、突如この日クーデターを起こし、会議中のウー・

ヌとシャン州代表達をその場で拉致《らち》し、投獄してしまった。勿論トゥン・ミンもその一人で、彼は七年間も獄中にあって、失意のどん底で悶々とした日を送った。

マウン・マウン・ニュンから後日聞いたのだが、国際学友会時代つきあっていたマリオンは、トゥン・ミンの帰国後も、彼女が日本で結婚してからも、彼と文通を続けていたそうだ。クーデター以来ぱったり音信がと絶えてしまって心配したマリオンは、マウン・マウン・ニュンに様子を問い合わせてきた。しかし彼はあえて返事を出さなかったという。

「マリオンの悩みを深めるだけですし、こういったことは伏せておくのが男の友情です」

以来、彼女の消息は絶えて久しくないそうである。

出獄してタウンジーの家族のもとへ帰ったトゥン・ミンは、再び反政府運動をする気力もなく、失意のなかで読書と執筆に明け暮れるようになった。一九八五年、愛する妻に他界され、一層家に閉じこもる生活が今日まで続いている。

成果の上がらぬインタヴューであったが、終りまで静かに見守っていた善意あふれる家族と、無理を押しての協力を惜しまなかったトゥン・ミンと共に、ホテルで昼食をとりながら心からの感謝の気持を伝えた。彼は、

「この次シャンに来られた折りには、ぜひタウンジーの私の家へいらしてください。それまでにはきっと喉もよくなっていると思いますから、話の続きをしましょう」

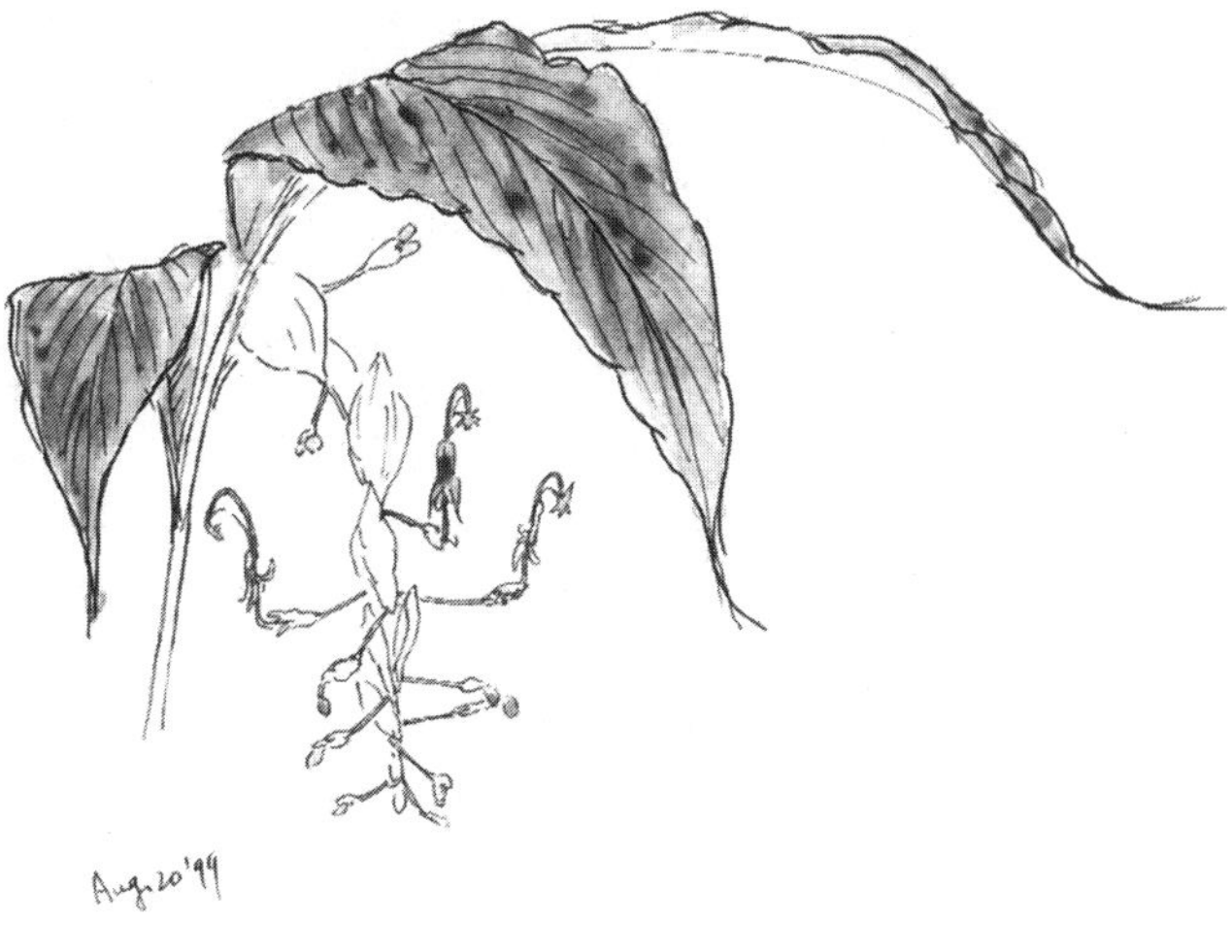
Aug. 20 '94

と言ってくれる。

家族も、「再会を楽しみにしています」と繰り返しながら、トゥン・ミンの娘婿、ティン・チィ・フラインの運転する車で揃って帰って行った。


一九九五年十二月、一年ぶりにビルマに飛び、山上の町、タウンジーの自宅にトゥン・ミンを訪ねた。事前に連絡をとった家人から様子を聞いて覚悟はしていたものの、完全に声を失って悄然とした姿と相対した時は、こちらもしばし言葉が出なかった。半年前に咽喉の腫瘍が発見されて、声帯を切除したのだそうだ。

一人暮しの彼は、手伝いに身の回りの世話をさせながら、寝たり起きたりの生活をしている。娘のジャスミンと夫が交替で三度の流動食を自宅から運び、夜は夫婦で泊まり込んで、父トゥン・ミンが心細い思いをしないようにつとめているという。

私の訪問を家族から前以て知らされていた彼は、メモ用紙二枚を弱々しい手で差し出した。それには、病状や手術の経緯、声を失った不自由さ、そして何より恐れているのは友人や知人から忘れられてしまうのではないかということ、私への話の続きが不可能になってしまった詫びの言葉などが細かい鉛筆書きの英語でびっしり書いてあった。胸がつまり、慰めるすべもなく、しばらく俯《うつむ》いていた私は、ようやく思い直して、

「日本や欧米では、声帯を失った人が胃に空気をためて発声の練習をしています。大変な努力

が必要なのでしょうが、普通に話せるようになった人を私は何人か知っています。もしかするとヤンゴンにも、このリハビリの専門医がいるかもしれませんから、テットゥンとマウン・マウン・ニュンに聞いてみましょう」

と述べると、トゥン・ミンは悲しげなまなざしにほのかな希望のひらめきを見せてうなずいた。ヤンゴンに戻ってすぐ二人にこの話をした。するとテットゥンが、

「僕の叔父が以前、同様のケースで声を取り戻してもらった専門医を知っていますから、早速相談してみましょう」

と真剣に約束してくれた。マウン・マウン・ニュンも、トゥン・ミンがリハビリのために上京して来たら、自分の家に泊めて極力協力したいと一所懸命であった。

だが帰国後、まだ誰からも様子を報せてはこない。あの話はうまくいったのであろうか。失意のトゥン・ミンの姿が目に残る。

Ⅳ

「エミさん」

ビルマでは太平洋戦争が始まる数年前から、日本の映画女優がラングーン（ヤンゴン）に住んでいるという噂がある。噂の主は、戦前戦後を通じてビルマで一世を風靡《ふうび》した映画監督兼俳優の故ウー・ニー・プ夫人、サン・サン・インのビルマ名をもつ鈴木孝子《こうこ》である。

ところが彼女は、「孝子」でもなく「サン・サン・イン」でもなく、「エミさん」という名前でラングーンはもとより、ビルマ全国に知られている。現在も、家族や回りの人達から親しみをこめて「エミさん」と呼ばれているのである。

では「エミさん」とは、どこから出てきた呼び名なのだろうか。

実はウー・ニー・プが一九三六年から三七年にかけて日本で制作し、翌三八年にビルマで公開したこの国最初のトーキー映画『にっぽんむすめ』のヒロインの名前なのである。「エミさん」を演じたのは孝子とは全く無関係な女優・高尾光子である。それなのになぜ孝子が「エミさん」

として、全国的に有名になってしまったのであろうか。

一九三八年、完成したばかりの映画をたずさえて三年ぶりに帰国したウー・ニー・プの花嫁として、孝子は初めてラングーンの土を踏んだ。全国に名を馳せる二枚目俳優と、色白の日本の美女との国際結婚は、ビルマ中に大きい話題を提供した。その上まもなく公開された『にっぽんむすめ』は、ウー・ニー・プと高尾光子が共演するメロドラマで忽ち絶大な人気を博し、人々は映画のヒロイン「エミさん」とウー・ニー・プ夫人の孝子をたやすく同一人物と錯覚、混同してしまったのである。しかもビルマ人にとって「エミさん」が「エイ・ミー・サン」というビルマの女性名に響きが似ていることもあって、一層親しみを感じたのであろうか、当の孝子にはおかまいなく国中を一人歩きしてしまったというわけである。

当時の国内化粧品会社が美容クリームの商品名に「エミさん」を用い、日本女性の絵柄のラベルを張って売り出したところ、ビルマ女性が我も我もと押し寄せて飛ぶように売れたという。このエピソードが半世紀以上も過ぎた今もなお、語り継がれているのであるから、「エミさん」ブームが如何に大変なものであったかが容易に偲ばれよう。

いずれにしても映画『にっぽんむすめ』と、鈴木孝子こと「エミさん」がビルマ人に与えた影響は大きく、それまで海の向こうの遠い存在でしかなかった日本と日本人への親近感と好意を一度に引き出したようである。数年後、太平洋戦争が始まり、日本軍が大挙して侵攻してきた時、「日本はビルマを英国から独立させるために援けに来たのだ」という日本側の宣伝に、最初の頃のみとはいえ、ビルマの人々がたやすく信じてしまった現象にも、『にっぽんむすめ』と「エミさん」の力の大きさを改めて感じさせられる。

現在でも、政府の要人から町の庶民に至るまで、ごく若い人々を除いて「エミさん」の名前を知らない人はほとんどいない。年配のタクシーの運転手にその名前を告げれば、確実にガバーエイ・パゴダ・ロード二十七番地の小高い丘の上に建つ孝子の古い豪邸に連れていってくれる。

「エミさん」と初めて知り合ったのは、私がラングーンに住んでいた一九六二年のことであった。その頃、私は彼女の本名が鈴木孝子であるということすら知らなかった。当時の日本大使館が企画した生け花講習会に、娘を伴って毎回熱心に通ってきていたビルマ服の日本女性「エミさん」としか覚えていない。有名な映画俳優ウー・ニー・プ夫人で、大変な資産家だとは回りの人から聞いていた。その後ビルマを離れてからの三十年余は、全く音信不通のままで過ぎてしまった。

一九九〇年代に入ってから、戦時中のビルマの人達の生活と心理を知りたいと思い始めた私は、一九九三年八月、戦争体験者とのインタヴューを目的としての二回目の訪緬《ほうめん》をした折に、ホテルから「エミさん」に電話をしてみた。彼女は長い空白のあとにもかかわらず昔をすぐ思い出して、私の勝手な依頼に快く応じてくれることになった。翌日、約束の時間に「エミさん」は私の宿泊しているホテルが彼女の家のすぐ隣だというのに、運転手付きの白いベンツで訪ねて来た。丁度、自宅が修理中なので、こちらから訪問するのは都合が悪いということだった。小柄な体を真紅のエンジー（ブラウス）とロンジー（スカート）に包み、黒々と染めた髪をビルマ風のアップに結い上げ、純金の飾り櫛を前髪にさして現れた。エンジーの五つのボタンは本物のルビーに輝いており、左の薬指にはこれ又いくつものピジョン・ブラッドのルビーで孔雀をかたどった大きい指輪がはめられている。この「紅ずくめ」の華やかな装いは、白い肌と整った顔立ちの七十九歳の「エミさん」によく似合って、ビルマ婦人そのままの姿だった。

数十年振りの再会を喜び、本題に入る前にしばらく互いの近況を語り合った。私は昔通り「エミさん」と呼んだが、彼女は「今でも皆からそう呼ばれているのよ」とうれしそうだった。

この再会ののちも、私は毎年ビルマに取材に行くようになった。その度に「エミさん」を訪ねて前後五回ほど話を聞かせてもらった。以下はそれらの聞き取りのメモのなかから、彼女の生い立ちと戦時中の体験を中心にまとめたものである。

鈴木孝子は一九一四年三月十二日、即ち大正三年、東京市小石川区本郷で、父喜三郎、母つるの二女として生まれた。当時父は、母の故郷、沖縄の首里で砂糖会社の技師をしていたというが、母は本郷に住む夫の姉夫婦のもとに身を寄せて孝子を出産した。

母とともに首里にもどった孝子は、元気に育ったが、就学年齢に達しても学校へは行かず、次々と生まれた二人の妹、千代子と美代子の面倒を幼いながらも懸命にみたという。四歳上の姉、文枝は下田の父方の祖母のもとに預けられていたため、一度も会ったことはなかった。

孝子が十歳の時、砂糖会社が倒産してしまった。父は一家を引き連れて下田へ帰り、借金をして舟の修理工場を始めた。ここで初めて孝子は小学校に入学したのである。

「学校はとても楽しかったけれども、私一人だけ二歳も年上で気がひけましたよ」

また、生まれて初めて一緒に住み始めた姉、文枝がやさしくしてくれて、「お姉さんっていいなと、つくづく思いましたね」と当時の姉を眼のあたりに思い浮かべたのか目を輝かせた。妹たちの世話ばかりしてきた孝子にとって、姉の存在はひとしおうれしいものだったのだろう。

しかし、折角慣れた下田の学校生活も、姉との心なごむ交流も、わずか四年で打ち切られてしまった。父の姉、即ち本郷の伯母、りんとその夫の川上が、子供に恵まれないことを理由に、孝子を養子にもらいたいと言って、無理矢理に彼女を本郷坂下町の夫婦の家へ連れてきてしまったのである。

「父母は、この伯母夫婦の出資のお陰で舟の修理工場を設立した関係上、断ることが出来なかったのでしょう」

と彼女は両親をかばった。

孝子は本郷で転校先の小学校を卒業した。しかし女学校へは進学せず、りんの計らいで近くの

「エミさん」

塾にかよって家事一般と礼儀作法を学ぶことになった。筑前琵琶の稽古にも行かせてもらったという。女中が四人もいる裕福な家だったので、川上家の「お嬢さま」として大事にされていたのだが、どういうわけか法律上の養女の手続きはとられていなかった。

義理の伯父にあたる川上は、「川上組」の棟梁として土木建築関係の仕事を手広くして居り、当時進行中であった丹那《たんな》トンネルの工事にも一役買っている人だと孝子は聞かされていた。この川上が、花なら蕾の年頃になった孝子に養女というより女性として興味を持つようになった。彼は家の女中たちにも手をだしていたようで、彼女はその女中たちから「お嬢さまだけは……」とかばわれながら、伯父から身を護る苦労に耐えたという。それでも、外出先にまでやってきて執拗に追いかけ回すので、ついに塾も琵琶の稽古も半年位で止めざるを得なくなった、と嘆く。

そのころ実家ではさらに二人の妹が続けて生まれて、姉を含めて五人の姉妹が育っていた。祖母と両親を入れて八人となった一家の生計を保つために、父は下田での仕事に見切りをつけて単身上京し、再び川上の融資を得て月島に鉄工場を設立した。幸い新しい仕事は成功して、家族への仕送りには事欠かなくなったが、全員を東京へ呼び寄せるまでにはいかなかった。

孝子は一人暮らしの父を見かねたこともあるが、何よりも川上の手から逃れたい一心で父と一緒に住みはじめた。ところが間もなく父は、仕事の都合上、工場で働くドイツ帰りの若い技師と結婚させようと無理強いしてきたのである。父の本意が娘の幸せのためではなく仕事にあることを見抜いた彼女は、この縁談をきっぱり断った。激怒する父のそばにいられなくなった孝子は、再び恐ろしい川上のいる本郷のりんのもとへ戻るしかなかった。しかし父からの縁談の強要と、いよいよしつこくなる川上の態度にいたたまれなくなって、ついにある日、伯母へ置き手紙をして本郷の家をとびだしてしまった。十八歳の時のことである。

　東京で所帯を持ったばかりの姉、文枝を頼って転がり込んだ孝子は、姉の友人の紹介で銀座の資生堂パーラーでウェイトレスとして働きはじめた。このとき着替えを持たないまま本郷を飛び出した彼女に救いの手をさしのべてくれたのは、父の妹、りゅう叔母であった。りゅうは神田で相当大きい料理屋を経営しており、経済的な余裕もあったのだろうが心のやさしい人で、店での働き着用にと彼女に似合いそうな着物と帯を選んで何組も揃えてくれたのである。こざっぱりとした身なりに白いエプロンを掛け、こまめに働く孝子はお陰で客の受けもよく、店長にも可愛がられた。

　だが、この平和も半年とは続かなかった。川上に見つかってしまったのである。孝子はあわてて、最後の給料ももらいそこねたまま店を辞め、姉の家も出て、りゅう叔母に救いを求めた。そして叔母の経営している「きよか楼」の出納係として働くことになったのである。

　叔母の店で働きはじめて一週間ほど過ぎたある日、ビルマから来ているというウー・ニー・プが映画仲間二十人程を引き連れて店に食事にやってきた。背の高いハンサムな三十歳位の男性だった。孝子はその頃、ビルマといわれても世界のどの辺にあるのかも分からず、未知の国から来た珍しい人々を帳場から興味深く眺めたという。一行のなかにはウー・ニー・プの弟もいたが、この人は余り目立たなかった。一行は余程「きよか楼」が気に入ったらしく、その後も度々訪れるようになって、りゅうはその都度大サービスをした。

ウー・ニー・プは既にビルマでは気鋭の映画監督であり、人気絶頂の俳優でもあったのだが、自ら映画会社も経営しており、自国にはまだなかったトーキーの機械を購入するため、一九三五年に来日したのであった。

日本の受入側はＰＣＬ（東宝の前身）で、丁度ハリウッドでトーキーの技術を学んで帰国したばかりの市川鋼二が全面協力した。機械購入後の一九三六年にはＰＣＬと合同で、彼の書き下ろした『にっぽんむすめ』という映画を撮影することになった。ウー・ニー・プが「きよか楼」へ通って来ていたのは丁度この映画の撮影中のことで、この料理屋の内部がシーンの一こまに入っているそうである。

映画のストーリーは、富裕で冒険心に富んだビルマの青年飛行家の兄弟が、東京ラングーン間の無着陸飛行を夢見て来日。高尾光子が演じる東京のカフェの女主人「エミさん」と、ウー・ニー・プ扮する兄のバ・テイとの悲恋をからめた冒険物語である。

ところで、現実のウー・ニー・プも「きよか楼」で働く孝子を見染め、市川の通訳入りデートを重ねるようになった。やがて正式に結婚を申し込まれた彼女は、しばらく考えた挙げ句、承諾した。りゅうと文枝はすぐ賛成したが、父は大反対。下田の母の許可を得るには更に時間がかかった。その間、文枝は知人を通してビルマと連絡を取り、ウー・ニー・プの背景を調べた。万一ラングーンに妻子でもいたら大変だと思ったのだろう。結果はウー・ニー・プはたしかに独身であるし、父親はラングーンで一流といわれる百貨店を経営していて相当な資産家とのこと、一族のなかに問題のある人物はいなさそうだということで、文枝もほっとしたようである。

一方ウー・ニー・プの方でも国の両親に問い合わせると、父親は了承したが、母親が反対しているという。当時の国際間のコミュニケーションは非常に時間がかかった時代であったから、両家の意見がまとまるには一年以上を要した。

一九三七年九月、二人はようやく神田明神で結婚式を挙げ、「きよか楼」で披露宴をひらいた。新郎は紋付き袴、新婦は白無垢であった。最後まで反対していた両親が出席してくれて、孝子は胸が一杯になったという。四谷に家を借りて女中を二人やとい、新婚生活が始まった。

話がここまできたとき、

「エミさん、おめでとう。ウー・ニー・プと相思相愛の国際結婚をなさって、最高にお幸せだったでしょうね」

と、おもわず口を挟むと、

「それがねえ、実は相思相愛なんてものではなかったんですよ。たしかに一人の男性にこれほど愛されるということは女冥利に尽きるのかもしれません。でも夫には申し訳ないと思っている

「エミさん」

のですけど、実際のところ私の方は彼のことを好きで結婚したわけではないのですよ。本当の理由、分かりますか」

と一瞬私の眼をみつめてから、首をかしげる私に彼女は続けた。

「本当の理由はね、この人と結婚するしか川上の手から確実に逃れる方法はないとおもったからなのです。つまり国外脱出をしない限り、たとえどんな日本の男性と所帯を持っても川上は必ず追いかけて来るだろうという恐怖心が、私にこの国際結婚を決心させたのですよ」


三年余の日本滞在を無事に終え、目的のトーキーの機械を入手し、自作映画『にっぽんむすめ』の完成作品を携えたウー・ニー・プは、新婦孝子を伴って、一九三八年二月、英国船で横浜を出発、一か月余をかけて帰国した。「故郷ラングーンに錦を飾ったかのように、夫は大満足、大得意でした」と孝子はいう。彼女はこの長い船旅に出る前に妊娠していた。

ラングーンに到着すると、孝子はまず南国の澄み渡ったコバルト・ブルーの空に目を見張り、天まで届けと伸びた無数の椰子の木の扇形の葉の大きさに圧倒された。雨期前の四月の強い太陽がまぶしかったが、初めて見る熱帯の花々の鮮やかな色は目にしみたという。

夫の住まいはプローム・ロード八マイルというラングーンの郊外にあって、広大な敷地内には、夫の両親の家と映画会社兼撮影所の大きな建物も建っていた。結婚に反対した義母はその頃病床にあったが、孝子はエンジーとロンジー姿で毎日見舞った。覚えたてのビルマ語で挨拶すると、義母は日一日とやさしく接してくれるようになったそうだ。

英国植民地ビルマの首都ラングーンの生活は、夫が富裕であったこともあり、物質的には何の不自由もなかった。二人の住む広壮な邸宅には、外回りの庭師や門番の男衆、家の中には女中たち、台所には腕利きのコックまでいて、孝子はほとんど家事に手を下さないですんだ。そのかわり、これら数十人の使用人を上手に使う立場にある主婦として、一日も早く言葉を覚え、習慣に慣れなければならなかった。勝気な孝子は涙こそこぼしはしなかったが、夫だけを頼りに頑張ったのだという。

彼女は現在でも、日本の文字はひらがなしか書かないし、ビルマ語の読み書きはできない。しかし余程耳と頭がよいのであろう。長女ピー・テインを出産した六月頃には、日常のビルマ語が聞き取れるようになり、簡単な受け答えが出来たそうである。

聞き取りが上達すると、時として回りの人々がささやく悪口まで聞こえてくるようになる。ある日、夫の親類の女性たちが遊びにきていて、宝石の話になった。宝石の国ビルマの女の人は美しい宝石で身を飾るのが楽しみの一つでもあり、自慢でもあるのだが、孝子が座をはずして戻って来ようとした時、彼女がダイヤモンドを何も持っていないと馬鹿にしている会話が耳に入ってしまった。孝子はショックをうけたが、夫に買ってほしいと頼むには自分の自尊心が許さなかった。そこで、日本を出る際、姉の文枝が「万一のために」と工面して持たせてくれたお金を全部はたいて、一流の宝石店でネックレスからエンジーのボタン、指輪、イヤリング、ブレスレットにいたるまで最高級のダイヤモンドで揃えた。そして、このことを誰にも黙っていて、二、三か月後の親類の娘の結婚式に全部身につけて出席したのである。

「居並ぶ婦人たちをあっと言わせたのですよ」と孝子は如何にも得意気に語った。

彼女の負けず嫌いが躍如とする話ではあるが、これだけのファイトとエネルギーを、なぜ自分が永住しようと決めた国の言葉の読み書きの習得に向けなかったのだろうか。

一九三九年に長男マウン・オウン・ペイが、一九四〇年十月には次男マウン・サン・マウンが年子で生まれた。不幸なことに二男は生まれつき脳に障害を持っていたため、孝子は大きい悩みを生涯背負いつづけることになった。

如何に辛いことがあっても「絶対に日本へ逃げて帰るようなことはしまい」と固く心に誓い、ひとたびビルマ人に嫁いだからには徹底的にビルマの生活風習を覚えて守っていこうと決心したという孝子は、この国に到着した日からエンジーとロンジー姿に切り替え、持って来た和服は皆処分した。食べ物も和食への郷愁は断ち切り、コックからビルマ料理の作り方を懸命に学び、自分でも調理できるように努力した。意外なことに反って夫の方が日本の食べ物を懐かしがるため、来緬した日本人からたまにもらう梅干しや海苔は自分は食べないで夫の食膳に添えたそうである。

年間の行事と仏事は数々あったが、彼女はその一つ一つを丁寧にまた熱心に覚えていった。そんな彼女はいつの間にか仏教に帰依し、仏事は楽しみの一つにもなったという。これに関しては、夫が親しくしている予知能力のある仏教徒ウー・オウン・チャンダーの影響が大きかったそうである。

一九四一年初めに、病気がちだった義母が他界した。孝子は夫と共に心をこめて葬儀をとりおこなった。

妻に先立たれた義父の世話と三人の子育てに追われながらも、この国の生活に大分慣れてきた頃、新聞を読まない孝子にも祖国日本と英米の関係が不穏になって来ていることが、それとなく感じられるようになった。そんな矢先の一九四一年十一月一日、ビルマ政庁の役人が突然家に踏み込んできて、孝子が日本人であるという理由で逮捕し、政治犯専用のインセイン刑務所に拘禁してしまった。孝子は後髪を引かれる思いで三人の幼い子供達を女中達に託したのだが、知恵遅れの二男のことがなによりも心残りであったという。

家を出る直前、たまたま来訪していたウー・オウン・チャンダーから、十一本の蠟燭を渡された。彼は「刑務所で毎晩一本ずつ蠟燭に灯をともして仏に祈りなさい」と言った。彼女はエンジーの懐に隠して刑務所に入った。そこには当時ラングーンに住んでいた四十人程の在留邦人が全員連れられてきていた。孝子はウー・オウン・チャンダーに言われた通りに毎晩一本ずつ蠟燭に火を灯して熱心に仏に祈りを捧げた。十一日目の夜、最後の一本の火が燃え尽きようとしたちょうどその時、一人の英国人将校がつかつかと部屋に入って来ると孝子を釈放すると宣言した。とまどう彼女は日本人の中でただ一人許されて帰宅したのである。

ヤンゴンの僧院
Aug/99

このとき、夫ウー・ニー・プも日本女性を妻としているという理由のもとに別の刑務所に連行されていた。息子夫婦の連行騒ぎに余程大きいショックを受けたからであろうか、孝子が夫のいない自宅へ戻って二日目、義父が急逝してしまった。途方に暮れている彼女のもとに思いがけず夫が帰ってきた。父親の突然の死亡ということで、特別釈放されたという。やっとのことで夫婦揃って丁重に野辺の送りをすますことが出来た。

孝子は言う。「ウー・オウン・チャンダーは昔はクリスチャンだったそうですが、ある時仏陀の声を心に聞いて仏教に改宗し、以来未来を予見する能力を授かったのです。夫がこの人に何度も助けられて来たというので、私もウー・オウン・チャンダーに言われたことは必ず守るようにしているのですよ」

ビルマではこのように予知能力者をまじめに信じて行動する人が多い。高度な教育を受けた人達も例外ではない。この国の精神文化の特徴のひとつと言えるのかも知れない。

ようやく夫婦と子供三人の生活に戻ってほっとする暇もなく、一九四一年十二月八日、日本が米英に宣戦布告をしたとの報が入った。孝子がこれから先どうなるのか全く見当もつかないでうろたえているうちに、十二月二十三日を皮切りに三回にわたって日本軍がラングーン市を空爆し、住民を恐怖のどん底におとしいれた。彼女一家も身の危険を感じ、親族八十人余がまとまってウー・ニー・プの生地プローム（ラングーンの北方三百キロ）へあわただしく疎開した。社員とその家族も何組か同行した。プロームでは菩提寺の境内に仮の家を建てて住んだ。しかしこの町も決して安全ではなかった。タイ国境南部から侵攻した日本軍が北上し、刻々迫ってきたため、英軍の防衛爆撃が激しくなったのである。ウー・ニー・プの運転手と撮影技師が早くも犠牲者となってしまった。

孝子は日本人として夫をはじめその身内や会社の人々に、どんな態度をとってよいのかわからず、すっかり気持が沈んでしまった。当時、彼女には何故突如として日本軍が夫の母国に攻め込んできたのかが理解できなかったのだという。

英軍と英国人が都市から次々とインド方面へ引き揚げてしまったあと、日本軍が侵攻してきて統治し始めるまでの間無政府状態となった各地で混乱が発生した。

ウー・ニー・プの判断で、一家は三か月後、既に日本軍の占領下となり治安の安定したラングーンに戻ることになった。この時孝子は妊娠九か月の身重であった。

自家用車で寺のある小道からプローム街道へ出ると、日本の軍用車が続々と北へ向かって走っていた。彼女達の車は、すぐに一台の軍用車に止められて誰何された。その時調べに当たった将校が、孝子の素性を聞いて大きなおなかに同情し、軍用車に移乗させて無事ラングーンの自宅まで送ってくれたという。途中将校から聞かされた「日本軍はビルマを英国の圧政から独立させるために来たのです」という言葉を信じ、夫達の乗った自家用車より何倍か早く自宅に到着したことを素直にありがたく思ったそうである。

三か月ぶりのラングーンは、日本の軍政が敷かれる直前で、緊張感が漲っていた。その中で孝子は三男マウン・パン・ラを無事出産した。

「この子はこんな非常時下でのお産だったのに、五体完全な赤ん坊でほっとしましたよ」

と彼女は目を細めた。

英軍も民間の英国人も大分前に一人残らず引き揚げてしまったということで、町はすべて日本の軍事色に彩られていた。日本軍は公共の建物をはじめ大きい商店や一部の邸宅を接収した。ウー・ニー・プの家と撮影所は、町から離れていたので接収こそ免れたが、映画会社自体は閉鎖されてしまった。つまり百人に近い社員を抱えたウー・ニー・プは、仕事を失い、収入の道を閉ざされてしまったのである。社員への月給の支払いのために手持ちのお金は疎開中の三か月で消え、今では自分たち一家の生活にも事欠くような事態に立ち至った。まもなく、今迄の通貨が日本の軍票に切り換えられたのだが、手元不如意《てもとふにょい》が幸いして、実害はなくてすんだ。しかしこのように切羽詰まった現実に直面しても、映画一筋に生きてきたウー・ニー・プは、何の打開策も打てず、また打ち出そうともしなかった。

孝子は初めて自分が何とか立ち上がらねば……と気がついたという。

「エミさん」

そこで彼女は一大決心をした。資金調達に奔走し、折角入手したダイヤモンドの数々も手放して、ラングーン市一番の目抜き通りスーレ・パゴダ・アヴェニューに「ぎんざ」というレストランを出店したのである。

店は内も外も一流に仕立てた、食器と銀器は英国人が引き揚げの際二束三文で手放して行った品物を安く買い求めて揃えた、腕のよいコックを四人雇いボーイ達には真っ白なユニフォームを着せて客扱いを特訓した、メニューには西洋料理と中華料理の他簡単な日本料理を出せるようにした、と語る孝子は得意満面であった。

用意万端整っていざ開店してみると、日本女性が経営していると聞いた日本の将校や兵隊で、押すな押すなのにぎわいとなった。きりりとしたロンジー姿の孝子は、自ら店へ出て陣頭指揮にあたり、帳場にも坐った。娘時代の資生堂パーラーと「きよか楼」での経験が物を言った。

「わたしの日本語が兵隊さんたちを殊のほか喜ばせたようですよ」

と話す彼女の眼が輝く。彼女はこの店でも「エミさん」で通ったという。

混み合う店内で、たまに支払いをごまかして立ち去ろうとする不届きな将校がいると、「明日、司令官に請求書をお回ししておきますわね」とにこやかに言ったそうである。相手は顔色を変え、あわてて支払いを済ませたというから、「エミさん」も相当の商売上手であったようだ。反対に懐が寒そうな下士官や兵隊には彼女の方でおごることも度々あったということで人気は上昇、店はますます繁盛した。自身が驚くほどの日々の収入を手にして、借金は忽ち返せたし、滞っていた社員の給料も順調に支払えるようになった。

開店して八か月、一九四三年が明けて間もないある日、ウー・オウン・チャンダーが店に現れ、孝子を片隅に呼んで「すぐ店をたたみなさい。さもないと大変なことになる」と真顔でささやいた。面白いほど儲かっていた時期であったから、彼女は狐につままれたような気分ですぐには返事も出来なかった。孝子はその時の心境を、「折角ここまでにした店を閉めるのは、心底もったいないと思いましたね。でもインセインの蠟燭のことを思い出してウー・オウン・チャンダーの言葉に従う決心をしたのです」と説明するのであった。

早速コックとボーイ全員に十分なお金を与えて解雇し、店の正面に「閉店」の挨拶を書いた紙を張った。事情を知らずにやって来た客は驚き、「エミさん」の身に何か起きたのかと心配する者までいて大騒ぎになったという。

「私自身、この時まだ、一体この店に何が起きるというのだろう、と実のところ心の底では半信半疑だったのです。ところが閉店から丁度一週間後、ラングーン市は英軍の空爆を受け、何と『ぎんざ』は跡形もなく爆破されてしまったのですよ」

一度は日本軍の攻勢に押されて早々にインドへ引き揚げた英軍は、米軍、インド軍と連合軍を編成して短期間に力を取り戻していた。一九四二年中頃から時折小規模な爆撃が行われてはいたが、まだ被害は少なかった。しかしこの空爆を機にして、英軍の本格的な反撃が開始されたのである。

再び収入の道をたたれたウー・ニー・プ一家は、「ぎんざ」の売り上げの残金と、銀器や食器を売却した代金でひっそりした暮らしを始めた。幸い社員は各自苦労しながらも何とか独立してくれていたので、彼らの面倒を見る責任からは解放されたとのことである。それでも大勢の使用人を抱えている一家の主婦、孝子の苦労は並大抵のものではなかったであろう。彼女はこの中で二女、ピー・ナン・シンを出産した。

苦難はそればかりではなかった。一九四四年が明けて間もなく、ついに一家の邸と撮影所が、爆撃を受けて半壊してしまったのである。家族の命に別状はなかったものの、生活の場をその日から失った夫婦は怯える幼児五人を抱き寄せながら、とりあえず市内にある夫の妹の家へ転がり込んだ。そこはガバーエイ・パゴダ・ロードの丘の上に建つ大邸宅で、妹は二階全体を一家のために提供してくれたという。ウー・オウン・チャンダーも行き場を失い、この邸の一隅に住むことになった。場所的には空爆の恐れがより大きかったのだが、丘の上は樹々が邸を隠すかのように生い繁っていたためか、目標とならないですんだようだったと孝子は言った。

このころ、所用で町に出た孝子がたまたま軍司令部の前を通ると、高島と名乗る将校が「お前は英軍のスパイだろう」と言って家までついてきたことがある。捕らえられることはなかったが、彼女は大きいショックを受けた。開戦一か月前、英軍の支配するビルマ政庁の役人に踏み込まれ、「日本の危険人物」と勝手に決めつけられてインセイン刑務所に拘禁された孝子は、今回は祖国日本の軍人に「イギリスのスパイ」と疑われたのである。「わたしは一体、どこの国を拠り所にしたらよいのか」と、胸が張り裂ける思いだったという。

彼女がこの一件をウー・オウン・チャンダーに告げると、彼は「日本軍は間もなく敗退するから、今回のことは気にしないでよい」と答えた。そして「事態はウー・オウン・チャンダーの言った通りになったのです」

一九四四年七月、インパール作戦に失敗した日本軍は、翌一九四五年一月二日にアキャブを連合軍に明け渡した。三月二十日にはマンダレーが陥落した。

そして三月二十七日、日本軍に協力していたはずのアウン・サン率いるBNA（ビルマ国民軍）がついに一斉蜂起して英軍に寝返ったのである。前年八月からひそかに反ファシスト人民自由連盟（パサパラ）を結成してこの日に備えていたのを、日本側は一切感知していなかったのだ。各地で敗退を続ける日本軍は苦境のさなかに、飼い犬に手を咬まれた状態に追い込まれ、一挙に力を失っていった。

みじめな姿で食物を乞う日本の敗残兵の姿に、孝子は胸を締めつけられたと言う。

英軍のラングーン爆撃は熾烈《しれつ》を極め、ビルマ方面軍司令部が風前の灯火となった四月中旬、岸田と称する将校が来訪した。彼はラングーンの河向こうにあるトーチャウンジーという小さい町の寺院内に、一家のための家を一軒確保したから至急疎開するよう熱心にすすめた。夫婦は突然現れたこの将校の真意を計りかねたが、ラングーンに留まっていることが非常に危険な状態であるのは確かであったので、この話に同意した。

最小限度の身の回りの品をまとめ、子供五人と女中を一人、それにウー・オウン・チャンダーを伴って舟でトーチャウンジーへ渡った。同行した岸田は三日後には姿を消してしまった。孝子は今以て「なぜ岸田がこの時期にわたし達一家をこのように取りしきったのか、わかりません」と言う。

疎開先でも孝子は乳飲み子を含む五人の子供と夫とウー・オウン・チャンダーの世話に苦労を重ねた。トーチャウンジーは全くの田舎町で、米や野菜は農家から求め、魚は漁師にゆずってもらう生活だった。ラングーンではコック任せだった三度の食事を、彼女はたった一人の女中と調理するのが大仕事だったようである。

疎開して間もない四月二十六日に、ビルマ方面軍はモールメインに退却し、ラングーンを放棄した。五月二日には連合軍が首都を奪回するに至り、戦況は大転回しつつあった。

「七月頃かと思いますが、アウン・サンが農民の姿に化けて、ウー・オウン・チャンダーに会いにきたんですよ」

と孝子が信じがたい発言をした。

ウー・ニー・プ一家は以前からアウン・サンと知り合いだったし、ウー・オウン・チャンダーも彼と親しくしていたというのだが、この時期にアウン・サンがトーチャウンジーに現れることはあり得ないと、ビルマ現代史の専門家は言う。

しかしともかく孝子の言葉によれば、

「アウン・サンは何か内容は分かりませんが、ウー・オウン・チャンダーに重要なことを相談に来たようなのですよ。彼が訪ねてきて三日目にウー・オウン・チャンダーは『即刻この町を出て行くように』と言い、アウン・サンはその言葉通りすぐ姿を消しました」

とのことである。

このときウー・オウン・チャンダーは一家に対しても同じことを命じたのだが、準備に手間取っているうちに日が暮れてしまった。そこへ多数の日本兵があかあかと松明《たいまつ》を掲げてこの町に侵入してきた。町の人々と共に恐れおののいている孝子のところへ一人の将校が近づいて、「アウン・サンをかくまってはいないだろうな」と疑った。それを見ていたウー・オウン・チャンダーが「この人は日本人なんだから」と言ってくれたので何事もなくすんだ、という。

数時間後、日本兵達が、橋を渡って向こう岸へ去ろうとした時、橋が何者かによって爆破され、大音響が闇を揺るがした。明け方、恐る恐る川岸へ行ってみると、おびただしい兵隊の死体が浮いていた。孝子は祖国の兵士の無残な遺体を「とてもこのままにしておくことはできない」と、ロンジーを腰までたくし上げて川のなかに入って行った。近くにいた船頭に助けを求め、遺体を次々と二艘の舟に引き上げた。

「三十体位はあったでしょうか。手や足がばらばらになったのもあって、思い出しても震えてしまう程、悲惨な情景でしたね。ただただ無我夢中でした。どうやってあの重い死体を女のわたしが舟に乗せられたのか分かりません」

「エミさん」

遺体を満載した舟でラングーン市に渡り、荷車数台と人夫を雇って郊外にある日本人墓地に運んだ。穴を掘らせて、全部の遺体を一緒に仮埋葬したのだということである。

この爆破事件に関しては、何の記録も残っていないので真相は不明である。敗走する日本軍が河向こうのトーチャウンジーに寄り道する余裕などあり得ないし、まして松明を掲げて入って来るような危険極まりない行動をとるとは常識では考えられない。

アウン・サン来訪の件とともに、まことにミステリアスな孝子の話ではある。

しかし当の孝子は、この爆破事件に伴う日本兵の遺体の始末が、戦争中の最も深刻で悲しい体験だった、と繰り返し述べるのである。

この事件の翌日、ウー・ニー・プ一家はラングーンに戻った。既に首都は英軍に統治されていた。日本がポツダム宣言を受諾して戦争が終結した二か月後にはレジナルド・ドーマン＝スミス提督が復帰して、英国は再びビルマの宗主国となった。

一九四八年一月英国から独立した後の十数年は、ビルマの比較的安泰な時期で、ウー・ニー・プの映画会社も順調に活躍を続けることができた。しかし一九六二年、ネ・ウィンがクーデターを起こして政権をとってからは、一般市民の経済活動に対して封鎖同然の政策がとられ、彼も映画制作の仕事から手を引かざるを得なくなった。

どういう経緯かは分からないが、ガバーエイ・パゴダ・ロードの妹の家と敷地は、戦後はウー・ニー・プの所有となっていた。彼は映画会社兼撮影所のあったプローム・ロードの広大な土地に、外国人用の貸家とアパートを建てて、生計を立てることにした。

その後も常軌を逸したビルマの政治に翻弄されながらの一家の生活は決して楽なものではなく、五人の子供達を育て上げるのはさぞかし大変であったろうと察しられる。

私が孝子の取材を始めた一九九三年、ウー・ニー・プは既に九十歳の高齢のため体力が弱り、室内のみの生活になっていた。自宅を訪問した際、家人に支えられて部屋から部屋へ移動する姿は見かけたが、直接会って話す機会は与えられなかった。「エミさん」から「夫はおかゆと梅干しが大好物で、日本の方に頼んで梅干しを手に入れるのが大変なんですよ」と聞いたので、私も訪緬の都度、日本から梅干しを運んだ。

一九九七年にウー・ニー・プが老衰で永眠するまで「エミさん」はよく尽した。「浮気には悩まされたものです」と言ってはいたが、その言葉の端々から今は昔語りとなってしまった「日本女性の鑑《かがみ》」ともいうべき夫への献身振りが窺われた。

夫亡きあとも丘の上の古い邸に三男マウン・パン・ラ夫妻とその一人娘、小学生の孫娘とともに住む「エミさん」は健在である。銀行に勤めていたこの三男夫婦は最近仕事を辞めて、プロー

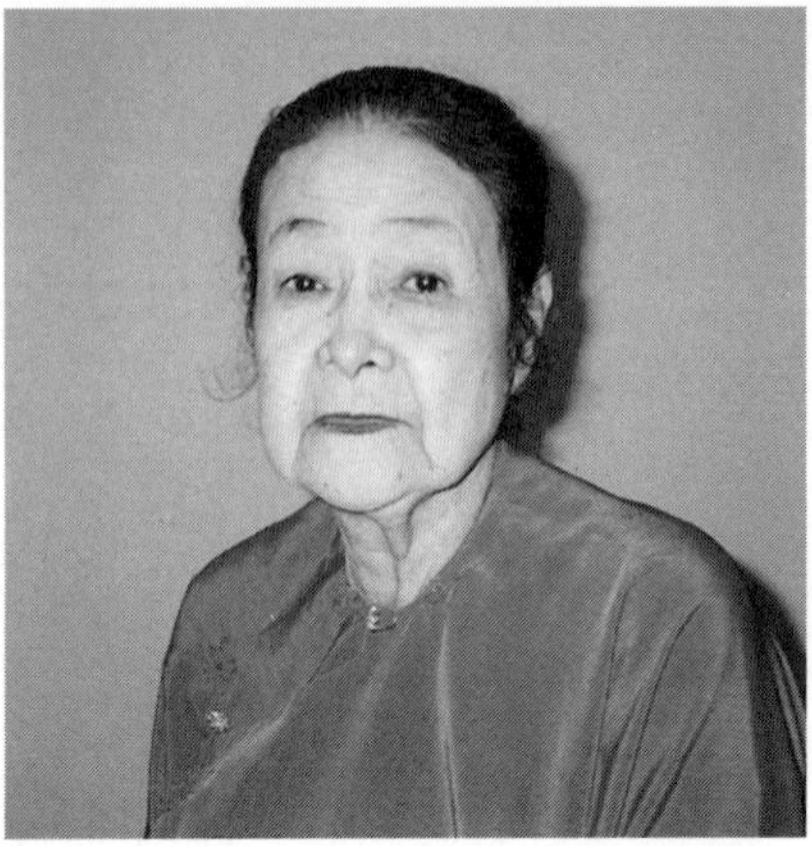

鈴木孝子、故ウー・ニープ夫人　ヤンゴンのホテルにて（93年8月）

ム・ロードの家作の管理に専心し、「エミさん」と一緒に一九九八年現在、対米ドルの闇レートが公定レートの五十倍というビルマ貨幣の暴落と戦っている。長男マウン・オウン・ペイ一家は長年米国に住んでおり、この家族だけは「エミさん」が何の心配もしなくてすむ生活をしているという。

一家の敷地内には、離婚して戻ってきた長女マ・ピー・テインと、未婚で仕事を持たない二女マ・ピー・ナン・シンのために各々別棟の家があり、「エミさん」の肩にはこの二人への経済的援助もかかっているようだ。

しかし、何といっても「エミさん」の一番の心痛の種は、知恵遅れで病気がちの次男マウン・サン・マウンである。六十歳に間もなく手の届く息子だが、自分の身の回りのこともほとんど出来ないということだ。昼間は看護婦をつけて世話をしてもらっているが、夜は時々発作を起こして暴れるので、他人にはコントロールが難しいのだそうだ。それで「エミさん」が毎晩隣のベッドで寝ているという。

「夜、安眠出来ないのでお昼寝しないと体がもたないのですよ」

とこぼしながらも、

「生きている限り面倒を見ます。この子を生んだ私に責任があるのですもの」

現在八十四歳の老婦人「エミさん」は、どこまでも健気《けなげ》なのである。

「エミさん」

ビルマの哲学者と日本人僧

一九二五年に生まれた元僧侶パーラグウは、三十歳のとき還俗して、ヤンゴンのロイヤル・レークの北、バハン地区に住んでいる。

主要道路のひとつ、カバエイ・ロードから湖の北側にある細いキャンベル通りに入るともうここは昔のラングーンの匂いがする。道は急にデコボコになり、椰子やマンゴーや火炎木などの濃い緑につつまれた両側には、伸び放題の樹木に見え隠れしながら民家が建ち並んでいる。幼い子の手をひいた母親が、頭にのせた野菜や果物の籠を器用に片手で押さえながら歩いてゆく。古びた自転車でロンジー姿の中年の男性が走り過ぎる。のんびりした風景なのだが、一旦車を降りるとあちこちで人の話し声が聞こえるし、どこかのラジオからビルマの流行歌が流れてくるし、なかなか活気にあふれているのだ。

パーラグウの住まいは、このキャンベル通りの左手に面したあまり大きくない古色蒼然《こしょくそうぜん》とした煉瓦造りの平屋である。と言っても、この一見一戸建てに見える家屋は、三世帯用集合住宅として用いられて居り、彼の生活の場は左角の一隅にすぎない。窓枠のペンキがはげ落ちたこのアパートの各家の前には、それぞれ間口分の横長の土間がついている。太い針金のクリンプ網がめぐらされていて、外気はじかに入り、蚊の出入りも自由である。高温多湿のビルマではよくある庶民の家屋形態で、親しい客や友人達は、大抵この風通しのよいテラス替わりの土間で話しこんでゆくのである。足掛け四年の間に四度彼を訪問した私も、毎回この土間の左手に置かれた四脚の古い木の椅子のひとつをすすめられて座らせてもらった。

網越しに見える前庭には、空高く伸びた椰子の幹と幹の間に張った紐に、アパートの住人達の洗濯物が下がっている。大きい子供達は学校に行っているのだろう。四、五歳の子ばかり数人が、その下をくぐり抜けては楽しそうに走り回っている姿を横目で見ながらのインタヴューになる。独身のパーラグウは、前以て隣家の奥さんにでも頼んでおくのだろうか、腰を下ろしてしばらくすると、いつもインスタント・ミルクコーヒーのカップを外から運んで来てくれる、小ざっぱりした身なりの三十代の婦人がいる。庭で遊ぶ子供達の母親の一人らしい。

パーラグウは英語の読み書きは達者であるし、私の質問の内容も十分理解するのだが、どういうわけかビルマ語しか話さない。そのため彼の紹介者であり、五年間日本へ留学していたことのあるビルマの友人に、毎回通訳の労をとってもらわねばならない。

小柄で小肥り、浅黒い丸顔に眼鏡をかけた七十代のパーラグウは、八十冊近い著書を出版した

サヤー・パーラグウ　ヤンゴンの自宅にて（94年12月）

ビルマでは有名な作家兼仏教哲学者である。還俗しても妻帯せず、著作にのみ明け暮れているという。質素な生活のなかにも決してストイックな感じはなく、温和な表情で訥々《とつとつ》と語る。その語り口に内面的な深さがにじみ出ている。

パーラグウは、イラワディ・デルタ地区の北西部に位置するヘンザーダ地区のタノン・タノール村生まれである。両親は縫製業で暮らしを立てて居り、彼が長男で、下に弟二人、妹一人がいた。

村の小学校を卒業し、十一歳の時、見習い僧となって二年間パーリ語を学習し、次の一年間はヘンザーダ僧院で修行した。その後、ラングーン市の東を流れるパズンダウン・クリークの対岸の町、シリアムの近郊、ラハヤット村の僧院へ移った。彼はここで、正規の僧侶となるために、必修のパーリ語の習得に磨きをかけた。努力が実り、十五歳で初級、十六歳で中級、十七歳で上級の資格試験に合格した。パーリ語はビルマ仏教に於いて、古典経文の読経、読解に不可欠な学問である。

一九四一年十二月、太平洋戦争が勃発し、二十三日から二十五日にかけて、日本軍第三飛行集団によるラングーン市街の空爆が三回にわたり繰り返された。クリークを隔てたシリアム地区からもこの爆撃の様子はよく見えて、パーラグウは緊張したという。しかしパーリ語学習に懸命に取り組んでいた十六歳の彼は、

「戦争のことは考えないことにしよう。私には修行があるのみだ」

と自分に言い聞かせ、勉学に励んだ。翌年六月、シリアムに日本語学校が出来るまでは、日本の軍人に出会うこともなかったのである。

ところが日本語学校が設立されると、勉強好きのパーラグウは大いに興味をそそられて、早速、村や町の人々と共に毎日二時間ずつ日本語を学び始めた。二人の教師、加藤先生と金峯先生は懇切丁寧に教えてくれた。一九四五年五月、日本軍がこの地区から退却する日まで、終始熱心に指導は続けられた。

「戦況が激変しても、最後まで態度を変えないで親切にしてくれたこの二人の先生を通して、私は日本が好きになりました」

と彼は言う。

日本語学校が出来て間もなく、シリアムに駐屯していた日本軍人の一人に日蓮宗の信者がいて、

休日にパーラグウの僧院へやってきて共に勤行《ごんぎょう》をするようになった。お互いに仏教について話し合っているうちに、この軍人から初めて日蓮上人の名前を聞き、興味を抱いた。

一方その頃、南機関の鈴木敬司機関長が頻繁にシリアムに姿を見せるようになった。彼は永井行慈《ぎょうじ》という日本人僧侶と、ビルマの反英愛国詩人、コオ・ドオ・フマインを伴ってこの僧院を訪ねてきた。永井は戦前からラングーン市内に六、七年も滞在して居り、団扇太鼓《うちわだいこ》を打ちながら題目を唱えて市内を歩き回ったり、人々が多数集まるシュウェ・ダゴン・パゴタに参拝したりする変った日本人僧侶として注目を浴びている人物であった。鈴木は永井に日蓮宗の法話を語らせ、自分がこれを英訳、更にコオ・ドオ・フマインにビルマ語に訳させては、僧院内の僧侶全員に聞かせたのである。戒律の至ってきびしい上座部仏教（小乗仏教）の修行僧、パーラグウは、日蓮宗の念仏信仰に深い関心を持ち、毎回、永井の法話に熱心に耳を傾けた。他の僧侶達も最初はとまどっていたものの、彼の熱弁に次第に魅せられていったという。

しかし鈴木機関長等三人の目的は、実は全く別の視点にあったのだ。当時、日本軍は北伐と称して着々とビルマ各地を占領しつつあったが、人心の掌握には困難を感じていた。この国を制覇するには、先ず人々の気持ちを日本側へなびかさせなければならない。そこで、仏教国のビルマ国民に仏教を利用して日本の侵攻を正当化して伝え、軍に協力させようと考えたのである。鈴木は先ずラングーンに「ビルマ僧侶連盟」と称する共同体を組織し、その後、各地の主要都市に次々と支部を増設する計画を立てていた。パーラグウによれば、鈴木は永井を通して次のように述べさせた。

「あなた方ビルマ人は熱心な仏教徒です。我々日本人も亦真摯な仏教徒なのです。仏陀は仏教信者を救って下さる方です。宗旨は違っても、ビルマ人と日本人の仏陀を信じる信仰には変りはありません。

お互い仏教徒同志で手をつなごうではありませんか。そして長年あなた方ビルマ人を抑えつけて来たイギリス人と戦いましょう。英国人をこの国から追放すれば、あなた方が夢見てきた祖国の独立が実現するのです。日本軍はその独立を助けるためにビルマに来て戦っているのですよ。間もなく真の平和が訪れるのです」

永井の迫力ある発言は、僧侶達の心を揺さぶった。彼等もまた英国植民地政策下でプライドを傷つけられてきていたからである。パーラグウも、この時点では例外ではなかったという。

鈴木の計画は、先ず日本軍の手に落ちた各市町村の僧院で、僧侶達をこの論法で洗脳すれば、あとは自ら彼等が民衆への説法のなかで、このイデオロギーを伝えてゆくはずだというものである。信心深いビルマ人にとって、僧侶の法話は至上の教えであるから、この考え方はごく短期間に全国に普及し、民衆は必ずや日本軍に協力的になるだろうという心算であった。

ところがそうはいかなかったのである。南機関が生みの親、育ての親であったビルマ独立義勇軍（ＢＩＡ）は、鈴木機関長に「常に日本軍と行動を共にして英軍と戦うのだ。独立は間近にある」と言われていたにもかかわらず、現実は異なり、第一線の日本軍はともするとＢＩＡを邪魔者扱いにしたので、両者間の摩擦が生じ、独立の話もいつのことかわからなくなってしまってきたのである。当時の南機関員の一人、泉谷達郎も、日本山妙法寺舞鶴道場に依頼された昭和四十九年四月二十九日付の「永井行慈上人を偲んで」という追悼文のなかに、

「昭和十七年四月、南機関は（機関長、鈴木敬司大佐、浜松出身）ビルマ独立義勇軍との間に独立許容問題を原因とした不穏な痼を残したまゝ北伐行（北ビルマの英印軍支援軍との決戦）を実施……」

と書いているから、日本軍とＢＩＡの間に立った鈴木の苦悩は大きいものであったにちがいないと思われる。

一九四二年七月、軍と南機関の対立はビルマ独立義勇軍（ＢＩＡ）をビルマ防衛軍（ＢＤＡ）に編成変えをして軍の配下に置き、鈴木は近衛師団司令部付の発令を受けて内地へ去り、機関員も各地へ転属となり、ついに南機関が自然消滅することによって終結したのである。従って、鈴木が永井と仏教を利用して行う予定であった「ビルマ僧侶連盟」工作は、ここに早くも挫折してしまった。

更に、各地での憲兵隊の暴挙が目立つようになってくると、ＢＤＡ内部に於いても、一般民衆の間にも反日感情が芽生えてきたのである。ここに至って初めて、パーラグウも他の僧侶達も「日本軍がビルマ独立支援のために戦っている」というのは表向きのプロパガンダであり、実際は自国の利益が目的の侵略にすぎないことをさとった。

それでもまだパーラグウは、僧院が戦火に見舞われない限り、意図的に政治や戦いとは一切無関係の立場に自分を置いて、仏の道の修行に専念しようと固く決心していたそうである。しかし一方、彼の心の奥には、永井の熱のこもった声で語られた日蓮の話が、いつまでも余韻となって残っていたという。

さて、パーラグウがこのように大きな影響を受けたという永井行慈とは、如何なる人物であったのだろうか。

昭和六十一年三月二十日発行の日本山妙法寺舞鶴道場の機関誌『慈悲』（行慈院日雄上人《にちゆうしょうにん》第十三回忌法要記念）によれば〈永井行慈上人よりの聞書〉として、彼の生い立ちが記されている。要点を拾い上げてみると、左のようなことである。

永井は明治三十九年二月二十八日、現在の京都府綾部市の北方約八キロの物部村で、父、徳太郎と母、しよとの間に二男として生を受けた。正雄と名付けられた。

父は医者であったが、四十歳で他界してしまった。永井が六歳の時であった。十二歳の兄を頭に五人の子供をかかえた母は苦境に立ち、彼を中舞鶴の長雲寺に小僧として預けた。この寺は臨済宗で、師匠は直木至道と言った。彼はここで炊事や掃除の手伝いをしながら、倉梯《くらはし》尋常小学校と同高等科へ通った。

大正九年に高等科を卒業し、十一年に京都の妙心寺経営の専修学校に入学したが、中途退学をした。日蓮宗に心をひかれたからである。長雲寺の小僧時代、師匠と共に毎朝の勤行で法華経を読経しているうちに日蓮の偉大さを認識し、法華経こそ至上の教えであると幼い心に刻み込んでいたのであった。

大正十二年、永井は京都の日蓮宗のなかで最も歴史の深い大本山妙顕寺の貫主、河合日辰猊下に弟子入りして修行を重ねた。やがて彼は日本山妙法寺山主、藤井日達の「西天開教《さいてんかいきょう》」の活発な実践行動を知るようになった。「西天開教」とは、団扇太鼓をたたきながら「南無妙法蓮華経」の題目を何百回となく唱えさえすれば万人が救われるという日蓮の信仰を、仏教発生の地、インド（西天）まで西へ西へと布教して行き、最後には「立正王国」を設立しようという藤井の仏教活動である。彼はその頃「満洲開教」と称して、大連、長春、ハルピンをはじめ、天津や北京など北支にも足をのばしていた。このように身を以て積極的布教を続ける藤井の僧侶としての生き方に魅せられた永井は、師匠の河合に折り入って願い出て、昭和六年、ついに藤井日達に弟子入りをしたのである。

彼は早速、新しい師匠に随行して、上海、シンガポールを回り、昭和七年にはペナンやセイロンにも足跡を残した。

昭和九年五月二十日、藤井から「行慈院日雄上人」という法号を授与された永井は、日蓮の尊像を奉持してビルマに渡り、ラングーン市内のカマユ地区に草庵を建てた。ラングーン大学の近くである。ここで修行に専心しつつ、ビルマ人への布教活動を始めた。彼はビルマ僧の着る黄土色の僧衣をまとった。毎朝四時に起床して、草庵から七・五キロのシュウェ・ダゴン・パゴダまで撃鼓唱題しつつ、一時間半かけて歩いて通ったので、ラングーンではかなりの名物日本人僧となった。

昭和十一年秋のある朝、いつものように草庵を出た永井は、暗い小道で前方から走ってきた車にはねられ、頭部に裂傷を負って大出血した。しかし血だらけのままシュウェ・ダゴン・パゴタに行き、その日も翌日も修行を続けた。ビルマ人や在留日本人が心配してくれたが、ついに一針も縫わずに血止め薬のみで治してしまった。藤井にこの件を手紙で報告したところ、「スパイと疑われて、ビルマ政廳のイギリス官憲から狙われたのだろう」という返事が来た。

当時のビルマは英国の植民地であったから、長期滞在するこの風変りな日本人僧には、たしかに官憲の厳しい目がそそがれていたのであろう。昭和十六年八月二十八日、永井は突然「ビルマ国防法第二十六条」に依ってラングーンのインセイン中央刑務所に拘禁された。彼は即座に、時のビルマ総督、サー・ドーマン・スミス宛に不法監禁の抗議文を提出すると、七十二日間の抗議断食に入った。しかし当局に依る鼻からの流動食強制注入で命長らえ、十一月九日、国外退去命令が発令されて、日枝丸で出発、二十一日に神戸港に上陸した。

間もなく十二月八日の開戦を迎え、明けて昭和十七年一月十六日、永井は再び海路ビルマに向かった。以後、戦争中をビルマで過ごし、昭和二十年四月下旬、日本軍がラングーンを放棄するに当たって、タイ国経由帰国したとしている。

パーラグウが鈴木機関長と共に僧院へやって来た永井の話を初めて聞いたのは、彼の二度目の渡緬後であることは明白である。永井は今回はラングーン市内のハルピン・ロードに自分の寺を建て、「ビルマ僧侶連盟」設立後は、そこを本部の拠点とした。

それでは、永井と南機関の関係は如何なるものであったのだろうか。

泉谷達郎の著書『ビルマ独立秘史――その名は南機関』の巻末に、昭和六十三年十月の日付で南機関員名簿が載っているが、その名簿の最後、即ち七十六人目に永井行慈の名前がある。当時の階級と職務の欄に「ラングーン班機関本部、宗教指導官、故人」とあり、現住所は「千葉県天津小湊清澄山日本山妙法寺」となっている。「宗教指導官」という職務名から見ると、永井が正規の南機関員に採用されたのは、一九四二年一月再度の渡緬直前または渡緬直後と推察される。つまり、一月中旬、タイ国境から侵攻した日本軍が、ビルマ各地を次々と制圧したものの、民心把握に困難を来していた折、南機関長、鈴木敬司が仏教の利用を思いつき、永井を採用して「ビルマ僧侶連盟」設立に乗り出したということにつながるのではないだろうか。

泉谷は同書に『南機関外史』の一文を紹介している。

「南機関ハ其ノ発足進展途上ニ於テ稍複雑性ヲ有スルモ、之ハ正式ニ云ヘバ昭和十六年二月一日大本営陸海軍部直属緬甸工作機関トシテ設立セラレ、後大本営海軍部ノ手ヲ離レ、大東亜戦争勃発ト共ニ南方軍総司令部ニ隷属シ、次デ第十五軍林一六一一部隊ニ配属セラレタル特務機関ナリ」

実は、これに先立ち、前年昭和十五年初頭より国別に南方問題調査が始められて居り、泉谷によれば、ビルマに関しては当時「参謀本部で船舶課長をしていた鈴木敬司大佐が南方問題の調査研究を担当することになった。（中略）昭和十五年六月、鈴木大佐は日緬協会書記兼読売新聞記者駐在員、南益世と名のってビルマに入った」という。

鈴木大佐の目的は、連合軍の援蔣ビルマ・ルートの破壊撲滅にあった。その作戦として先ず当時英官憲の厳しい目をくぐって密かに動いていたいくつかのビルマ独立運動のグループに接触しようとしたのである。そしてこれらの独立運動家のなかから有能な青年を数十人選び、極秘裡に国外脱出を計り、厳格な軍事訓練を施して武装蜂起の術を学ばせ、優秀な軍人に仕立てた後、武器を与え母国に潜入、ゲリラ活動を行わせようという企画であった。この奇想天外な案を鈴木が実行に移そうとしていたのは太平洋戦争勃発前年のことで、当時、開戦予定はもとより、ビルマに日本軍が自ら侵攻するか否かも予知されていなかったようである。あくまでもゲリラ部隊によって反英暴動を起こし、全国に拡大させて念願のビルマ独立を果たさせ、同時にビルマ人の手で援蔣ビルマ・ルートを遮断させようという案であったと泉谷は『ビルマ独立秘史』のなかで述べている。

さて、鈴木が南益世と名のってビルマに入った時、彼は独立運動の急先鋒、タキン党内の複雑なグループ関係について何の知識も持っていなかった。しかし、日本貿易斡旋所長、大場氏の紹介で、独立運動に詳しい親日家のテイン・マウン博士と親しくなり、多くの重要情報を入手することが出来たのである。鈴木はいくつかのグループのなかで、タキン・ミャを中心とする独立運動の指導者が第三国の援助を求めていることを知り、これに着目した。そこでこの一派に接触したいと思ったのだが機会を得るのは難しかった。しかし九月に入って、日本山妙法寺の永井行慈の協力により、ようやくタキン・ミャとタキン・コオ・ドオ・フマインのグループとの密会に成功したのである。一九三四年からラングーンに滞在していた永井は、ビルマ人から尊敬され信頼される僧侶という立場を利用して、各方面への人脈を拡げていたのであろう。

鈴木は永井を通してこれらの重要人物に面会し合意を得はしたが、実際に青年達を集めるまでには大変な紆余曲折があり、時間もかかった。手間どっているうちに年が明け、昭和十六年（一九四一年）二月、正式に南機関が発足し、鈴木は南益世であると共に機関長に任命され、機関の全責任を負って活躍することになったのである。南機関の本部はバンコックに置かれ、鈴木はタイ、ビルマ、日本を東奔西走する身となった。

ともあれ、ようやくラングーンで集められた三十人の愛国青年志士は、英官憲の目を逃れて無事国外脱出に成功した。一九四一年三月から七月にかけて、これらのビルマ青年は海南島南部のジャングルで、あらゆる部門の軍事訓練に励んだ。過酷なまでの演習にも耐えた。南機関の工作を成功に導きさえすれば、英国からの独立が与えられるという鈴木の約束を信じて疑わなかったからである。猛訓練を終了した彼等はバンコクに集結して、母国潜入の命令を一日千秋の思いで待った。しかし命令の届かぬうちに十二月八日、太平洋戦争が勃発し、事情は一変したのであった。

南機関は方針を大幅に変更せざるを得なくなった。そこで急遽バンコク市内の在留ビルマ人の有志約二百名を募って三十人志士に加え、ビルマ独立義勇軍（ＢＩＡ）を結成して十二月二十七日宣誓式を行ったのである。明けて一月中旬、タイ国境から使命遂行の責任感に燃えつつ祖国に入ったＢＩＡは、期待に反し、間もなく行動を共にする日本軍と摩擦を生じ、メンバーの心中に疑惑が拡がりはじめた。しかも七月には、ビルマ独立義勇軍（ＢＩＡ）は、ビルマ防衛軍（ＢＤＡ）として縮小再編成されて軍の配下に置かれることになり、南機関も自然消滅という事態に追い込まれたのは既に述べた通りである。鈴木機関長と軍との見解の相違により南機関をひたすら信用していたＢＩＡのメンバーは振り回された挙句、約束の「独立」はいつ実現されるのか皆目わからなくなってしまったのである。

ところで永井行慈は、一九四一年十一月、ビルマ政廳の英国官憲に国外退去を命ぜられ、帰国後『西天開教――ビルマ獄中記』を書いた。昭和十七年（一九四二年）二月二十日青梧堂発行とあるから、この本は帰国から開戦をはさんで翌一九四二年一月中旬の再度渡緬までの僅か二ヵ月位の間に記されたものと思われる。

この著書は獄中の経験、特に七十二日間に及ぶ抗議表明のハンガー・ストライキが中心となっている。しかし同時に、開戦前の連合軍の動きや英米に対する憎しみ、更に「支那人」への偏見とも思われる思い込み、日本の大乗仏教礼賛、それとはうらはらにビルマの上座部仏教（小乗仏教）の批判、ひいては自分の宗旨、日本山妙法寺の「西天開教」と当時の日本政府のプロパガンダ「八紘一宇と大東亜共栄圏」を結びつけてしまう思考方法まで綴られている。


永井は援蔣ビルマ・ルートに関しては、陸、水、空の三方法があるが、水と空は難しく「八〇パーセント以上がトラック輸送である」と述べている。道路状況も実によく調査している。

「このコースは、ラングーンからトングー、マンダレー、メミョウ《ママ》を経て国境に近いラシオにいたり、そこから雲南側最南端にある支那の大理と連絡する。全コースがほとんど鉄道と並行するアスファルトの自動車路である。しかしまだ路面に起伏と急坂が多いので、自動車の故障率が非常に高く、この自動車路を歩いてゐるとよく重慶行のトラック隊から落後した故障車にぶつかった。

メミョウ《ママ》からさきの山岳地帯には急カーブが多く、メミョウ《ママ》付近だけでも、そのカーブを削ってまっすぐにしている工事場が二、三ヵ所眼につく。道幅はビルマ側では奥地でも二臺は楽に行きちがふことができ、ところどころ休止地にはガソリン補給所が完備されてゐる。

ラングーンから最初の休止地であるトングー《ママ》までは、殆ど一直線の道路が約百六十マイル、トングー《ママ》からマンダレーまで百九十マイル、マンダレーから左に折れてメミョウ《ママ》まで五十マイル、メミョウ《ママ》からラシオまで二百七十マイル、これはラシオから国境線までの距離を入れて、大體ビルマルートのビルマ側における全長は八百マイルくらゐになると思ふ。雲南側の大理昆明間を五百マイルとみるとラングーン昆明間の全距離は約千三百マイルといふ計算である」

これを読むと、永井はラングーンから少なくともラシオまで六百七十マイルを自ら歩いて記録したということになる。

又、トラックに関する観察も詳しい。

「これに使用されてゐるトラックは大ていシボレーかフォードで、車體をカーキ色に塗り、暗緑色のカンバスでかまぼこ型の覆ひをつけてゐるのが壓倒的に多い。ラングーンの郊外に支那人経営の自動車組立工場があって、夜などその付近を通ると三十臺、五十臺の新造車がずらりと一列にならんでゐることがある。

二三《ママ》年前までR・A或はR・Bだったラングーンの自動車ナンバー標識が、この一、二年の間に急激にとび上がってR・C、R・Dはまたゝく間にすぎ、現在ではすでにR・Eの五千番くらゐのところまでいってゐる。この標識の『R』は、ラングーンを現し『A』臺の番號が一萬になると『B』に移り『B』が一萬になると『C』に移るという風に、この各ローマ字はそれぞれ一萬臺の自動車を示してゐる。したがっていまR・E五千というのは、ラングーンの自動車数が四萬五千臺に達してゐることを示すものである。

ところで、このラングーンの自動車が何故かう急に激増したかといふと、これはいふまでもなく援蔣トラックのもの凄い増加ぶりを意味するものは《ママ》ほかならない。Ｒ・ＣからＤ・Ｅあたりの車の大部分は、みな援蔣トラックとして重慶に送りこまれてゐる。この間の日数は二ヵ月近くかゝり、一度行った車は二度とビルマに帰ってこない。しかもこのトラックはビルマ国内を八百マイルにわたって走るので、全部一度はラングーン政廳に登録する必要があるためにかくはラングーン自動車番号の烈しい急昇騰となったものであらう」

ここで永井はトラック運転手の命がけの労働にふれている。運転手の大半は支那人であるが一部ビルマ人もいる。ビルマ人運転手にとって、ビルマ国内はよいが、一旦雲南に入ると連日日本軍の爆撃に身をさらされる恐怖の輸送路となる。勢い日中の運行はさけて、ヘッド・ライトを暗くしたまま夜間のみ走行するのだが、曲がりくねった山道で片側が千尋の谷となっているため、事故で命を落とす者が絶えない。「給料は五百ルピー（当時の邦貨で六百五十円くらい）もらっても、往復半年以上かかるので合わない」という。まさに彼等にとっては「戦慄のビルマルート」であったのである。

「このルートが敗戦の重慶と外国を結ぶ最後の、そしてただ一本の血路であるといふこと、瀕死の重慶に輸血されるＡＢＣＤ型の血液がほとんどその全部をこれ一本の輸血路にたよらざるを得ないこと、したがって重慶の精神的支柱として非常に大きなつゝかい棒の役目を果たしてゐること等々については、私も一般の日本人とともにその敵性価値を十分認めなければならない。しかし、ビルマルートは雲南の南部とビルマの北部を一つに混血させて、ビルマをして重慶の経済的前進基地たらしめてゐるところに、より大きな敵性をもってゐるのだ。いひかえれば、まえからもちこしの重慶培養線としてのわれわれ日本人の看過することの出来ぬ重大な敵性である」

以上のように結論している。いずれにしても、このような微細にわたったビルマ・ルートの情報は、日本軍にとって大変貴重なものであったろう。

永井は「支那人」を嫌悪する。獄中、彼に近づいて来た「支那人」が妙になれなれしいと感じて、英官憲の「スパイ」だと確信してしまう。

「事実ビルマにゐる支那人ほど油断の出来ぬものはない。（中略）事変前までは、わずか五萬か六萬にすぎなかった支那人が、このごろ《ママ》すでに三十五、六萬に達し、ビルマルートの危機切迫とともに激しい勢ひで増加してゐた」

と「支那人」の人口増加を嘆き、昔から存在するラングーンの南京街にふれた後、「ビルマにおける抗日支那人の敵性はこの南京町の外にある。ホテルや警察やバーや税関や商店街やビルディングに充満している支那人である」とし、これをつぎのように二種類に大別している。

「一つはビルマに生まれ、ビルマで教育を受け、ビルマの諸機関に職を得た、イギリス官憲の手先となってゐる支那人。他はここ一、二年にビルマルートを渡って陸続とこのビルマに入国してきた支那人である」

又、獄中に「支那人」が相当数入れられているのを、

「とにかく私はここへきて支那人がビルマ獄内にまで進出してゐることを知らされた。そして支那人はどこにでもゐる！　ということはスパイはどこにでもゐる！　ということと同じ意味であることを知らねばならなかった」

と憤慨している。一方、ビルマ人の囚人の一人に日本と「支那」との長い戦いについて聞かれると、「この戦争は、日本は支那に欧米の悪いたくらみのない新しい国家を建設してやるためなのだ」と説明し、

「お釈迦様も、今此の三界は皆これ我有なり、其中の衆生は悉くこれ吾子なり、しかも今此の所は諸々の患難《ママ》多し、唯我一人のみよく救護をなす、と法華経の経文にいはれてゐる。日本が支那と戦ってゐるのは、この大慈悲心の発現にほかならない。いはゞ仏教の復興のために戦ってゐるのである」

と詭弁としか思えない展開となる。

ある時、獄中のビルマ人にビルマと日本の仏教戒律の相違について尋ねられると、

「『早くいえば、小乗戒は阿羅漢果を得ることで、大乗戒は仏になることである。小乗戒は個人

の完成であるが、大乗戒は国家の完成である。（中略）ビルマの仏教は個人主義に生きたが、あべこべに国家を滅ぼしてしまったではないか。これを大日本仏教の開祖日蓮大聖人は律国賊と呼んで居られる』」

　更に続けて、

「『小乗戒の戒律に拘泥して蚊も殺さないことは立派なやうではあるがそんなことは既に過去の法で、濁悪の末世になっては何の用も為さないのである。（中略）国家を造るには悪を斬り邪を正さねばならぬ。是れを菩薩の国造りといふのだ。（中略）この故に日本は、A・B・C・D・等の悪を破して、東洋諸国を独立せしめ、諸々の民族を開放《ママ》せしめて、大東亜の共栄圏を建設することを以て菩薩行と信じて居るのだ。日蓮大聖人は我大日本国は轉輪聖王《てんりんじょうおう》の御家であると申されたが、轉輪聖王の使命は君も仏教徒ならば解かって居るだらう』」

と問い返し、そのビルマ人が、

「『チャックワルティラージャ（轉輪聖王）は威徳を以て世界を統治すると承って居ります』」

と答えるや否や、

「『そうだ、それが我が大日本の天皇陛下にて在ましますのだ』」

と飛躍、エスカレートしてしまう。しかし、永井自身は大真面目で、熱烈な愛国者であると自認しての発言であったのだろう。

では、果たして永井はスパイだったのだろうか。

大宅壮一は『炎は流れる』のなかで、

「ビルマでも、開戦の数年前から、同じ日本山妙法寺の永井行慈上人が、やはりウチワ太鼓をたたきながら、貿易商や新聞記者にバケた日本の陸海軍将校の特殊任務を助けていた。今もビルマ人の偶像となっているオン・サン将軍以下三十人の若いビルマ人を日本に送り、日本式に訓練する計画に一役買ったのも、この上人である」

と書いている。

又、戦争中、日本の傀儡政権の首相を勤めたバ・モオが、自伝『ビルマの夜明け』で永井のことを、

「この僧侶も、広く網をはった日本の諜報機関につながっており、ティン・モン（テイン・マウンのこと・著者注）と親しいことがわかった」

「永井は僧侶として、誰れからも疑われずに、ビルマ人の家を喜捨を乞いながら訪れることができたからである」

と述べている。

尚、英国インド省図書館所蔵資料のなかの『ビルマに於ける日本の活動〈一九三七年～一九四〇年〉』には、永井行慈の名前が頻出し、彼のスパイとしての行動がつぶさに記録されている。

今年（一九九八年）一月、四回目のインタヴューをした折、私は思い切ってパーラグウに聞い

てみた。

「永井上人は本当にスパイだったのでしょうか」

「そうですとも。百パーセント、スパイだったと今は信じています」

はっきりした答が返ってきた。

以上のように、開戦前のビルマでの永井の行動に関しては、「黒」としている証言が多い。では、当の永井は如何なる意識のもとに情報を蒐集し、流していたのであろうか。もとより、スパイが自らを「スパイだ」と名乗ることはあり得ない。しかし、前に挙げた永井の著書のなかに、ただ一箇所だけではあるが、それを自認しているとしか思えない一文がある。

一九四一年八月二十八日、カマユの彼の寺（草庵）に突如七名のC・I・D・（クリミナル・インテリジェンス・ディパートメント）の官憲がやって来て、拘禁状を差し出し、「しらみつぶしに家宅捜索をした」時のことを、

「勿論彼等を喜ばせるやうなものは紙きれ一枚すら出て来る筈がない。この日あるを預期して、私は目ぼしい書類は片っぱしから焼きすててゐたからである」

と書いているのである。

「この日あるを預期して」とは、永井が日頃から十分に自分の行為に危険性を感じていたということであろう。更に、「目ぼしい書類は云々……」とは、いささか曖昧な表現ではあるが、彼

の著書を読めば、情報のメモ、あるいは報告書の下書き等の類であったことがわかる。それらの書類を常に手許に残さぬよう細心の注意を払って、すべて焼却していたということであろう。もし私の仮説に誤りがないとすれば、永井は期せずして、この一文により自ら諜報活動をしていた事実を告白しているのではないだろうか。

尚、情報提供の見返りとして何らかの代償を得ていたか否かは定かではない。しかし、もし受けていたと仮定しても、僧侶は謝礼を喜捨として受領する習慣があるから、永井自身「お布施」と考えて良心的負担は感じずにすんだであろう。

永井の本来の仕事は宗教活動であった筈である。彼は一応カマユの一角に「寺」と称する草庵を持ち、シンテェゼンダという名の少年を小間使い代わりに置いて、「弟子」と呼んではいたものの、少年自身が永井の宗旨に改宗していたか否かはわからない。

昭和九年（一九三四年）からラングーンで開始した彼の布教活動は、実際のところ、どの位の成果があったのであろうか。国民の九十パーセント弱が上座部仏教徒であり、檀家として各自の僧院と密接な関係を持ちながら日々の生活を送っているビルマ人は、そう簡単に大乗の宗旨に改宗するとは思えない。但し、僧侶の存在自体を大切にする彼等は、黄土色の僧衣をまとったこの日本人僧を決してないがしろにはしなかったであろう。永井はこれを彼の著書に、毎朝四時にパゴダ参りのため草庵を出ると、献花を手にして待っていてくれる老夫婦と一人息子の一家が居り、「私に帰依し随喜するビルマ人の家庭が途中に五軒もある」と書いているが、これらの人々も托鉢に応ずることぐらいはしたであろう。

永井の修行とは、『ビルマ獄中日記』によれば、

「（前略）団扇太鼓に和してお題目を唱え、天照大神、八幡大菩薩、諸天善神に法味を捧げ、天皇陛下の聖壽無量と國家安穏國威宣揚を祈念し（中略）ビルマの立正安國と、日本とビルマの宗教親善、世界平和を祈るのが私の絶えざる修行……」

であり、その布教目的として、

「ビルマの立正安國とは、吸血鬼たる英國のため國民は搾取に甘んじ、奴隷的置位《ママ》に呻吟している暗黒ビルマを、南無妙法蓮華經の光明に照らして、暴戻《ボウレイ》限りなき英國を退散させることである。もっと瞭っきりと言へば、東亜より英國勢力を驅逐し、ビルマを獨立せしめ、全ビルマ人を開放《ママ》し、彼等に平和と歓喜と光明を與へ、東亜共榮圏の一翼として盟主日本とともに進むことの出来る日を祈願する」

と述べている。

つまり永井は、上座部仏教のビルマ人を自分の宗旨に改宗させることよりも当時の日本のプロパガンダ、「八紘一宇」の線上に「立正安国」を建設しようとしていたのである。

この思想は永井一人のものではなく、彼の師、藤井日達が昭和十六年（一九四一年）極月二十六日付け、別府市実相寺山より松谷中佐に送った書簡のなかにも、「幸ひ永井師は参謀本部の人々と識り合ひましたので、西天開教の宗教工作は、日本山の方針に従って進捗することと信じます」

とあるから、日本山妙法寺自体がこのような発想を以て、「西天開教」を実施しようとしていたと思われる。

永井は軍部に利用されていたというより、軍部が永井に、否日本山妙法寺に利用されていたと言えるのかもしれない。

尚、永井は捕われの身となってすぐ断食抗議行動を開始したが、これを行うにあたって、彼の念頭にはおそらく「ウー・ウィザラ」という反英ビルマ僧のことがあったにちがいないと想像される。ウー・ウィザラは、ビルマ民族解放運動に積極的にたずさわったため、英官憲によって投獄されたのだが、ハンガーストライキを続けて一九二九年獄死した有名な僧侶である。ビルマ人はこの僧侶を「愛国の英雄」として崇め、独立後ラングーン市内主要道路の一つを「ウー・ウィザラ・ロード」と名づけ、交差点の中央に立派な銅像を建てて記念している。

永井の宗教的信念を否定するものではないが、投獄後の彼が断食抗議にふみ切ったのは、ウー・ウィザラの例から見て、「断食」という行為が必ずやビルマ人の心を強く動かすであろうという自信のもとに、行ったのではないだろうか。

永井はラングーンが再び英国の手に落ちるまでビルマに留まっていたが、終戦直前タイ経由で帰国している。

昭和四十九年（一九七四年）三月二十日、六十九歳を以て、日本山妙法寺舞鶴道場で永眠した。

パーラグウは、永井がシリアムの僧院を訪ねて来た時、英領時代のスパイであるなどという疑いは毛頭持っていなかったそうである。「ただ彼の法話を通して知った日蓮という上人の一生を、今でも研究してみたいと思っているのです」と、どこまでも日蓮に興味を示す。

英語で書かれた日蓮の伝記が是非読みたいという彼の依頼に応じて、私は以前、二冊の本を丸善で求めて持参したことがある。しかし双方共、創価学会インターナショナル編纂の本で、著者は英語圏の人ではあったが、純粋の伝記ではなく、創価学会の視点で書かれた日蓮の思想書であったため、パーラグウの気に入らなかった。その後も英語版の伝記を探しているが、まだみつからないでいる。

パーラグウは肝心の戦争体験についてはあまり語らないのだが、宗教論や文学論になると自ずから話がすすんだ。お陰で私は今迄ほとんど知らなかったヒンズー教の神々と思想、インドの詩人タゴールの著書『ガンディス河とイラワディ河』について、又、紀元前三世紀に初回が開かれたという「世界仏教大会」の意義と、第五、第六回が今世紀に入って二回もビルマで開催されたこと等、興味深く聞かせてもらった。

しかし、中でも最も強く印象に残ったのは「仏像」に関する話であった。

10才
Aug 23 '99
9才

「釈迦の入滅後、数百年の間、仏像は作られませんでした。仏陀は目に見えぬ存在で、ただそのシンボルとして蓮の花や菩提樹の彫刻を飾っていただけだったのです。しかし、紀元前三世紀にアレキサンダー大王が東征した後、ギリシャ系の彫刻家がガンダーラ地方で仏像を彫り始め、急激にひろまってゆきました。仏教の伝わった各国では、次第にそれぞれの国らしい顔立ちの仏像を作って拝むようになりました。やがて人々は仏像には超自然の力が存在すると思うようになり、祈願の対象としました。

私自身は、このような考え方は持っていないのですが、人々が仏像を拝んだり、これに祈願することに敢えて反対はしません。この人達も、仏陀の存在を心から信じていることは確かなのですから。

私は、この自宅に一体の仏像も置いていません。仏壇もありません。私は目に見えない仏陀と日々相対しているだけなのです」

「目に見えない仏陀」に相対するという彼の最後のことばは私の心の奥に残った。如何に美しく芸術的な仏像であっても、所詮、人間のこしらえた偶像にすぎないのではないかという疑問を、長年持ち続けてきていたからである。

取材余話

カローへの道

私の取材は約半分が南シャン州の高原の町、カローを拠点として行われている。首都ヤンゴンから六百六十キロ程の地点である。おだやかな四季の変化を楽しめるシャン州は、一年中高温で雨季と乾季の二シーズンしかない熱帯性気候の南ビルマに比べると、まことに快適で過ごし易い。

カローは英領時代イギリス人が避暑地の一つとして利用した土地柄だけあって、町の南側の小高い丘の松林の中には、ゴシック形式のカトリックの教会や、一見別荘と見違えてしまう小さい修道院や、その他の古い洋館がひっそりと点在している。この丘の手前にある広い敷地内のカロー・ホテルは私の常宿であるが、その本館も英国人の手によって建てられたものである。

ラングーン（ヤンゴン）に住んでいた一九六〇年代に、家族とともに初めてこの町を訪れてすっかり気に入ってしまった私は、その後もビルマに立ち寄る機会がある度にカローまで足を伸ばした。こうして何回も訪問を重ねるうちに、カロー・ホテルの従業員や出入りする町の人達の何人かと自然に親しくなった。一九九二年に取材を始めてから、彼等は協力を求める度に快く応じ、インタヴューに適切な知人を近隣の町や村で探しては紹介してくれたのである。

ヤンゴンで運転手つきのトヨタエースを借りた私は、一九九四年八月六日未明、何度目かの取材のためにカローへ向かった。前年十二月には一人で車の旅をすませたのだったが、今回は雨季のさなかでその上例年にない大雨続きであったから、ヤンゴンの友人夫妻のコオ・ネィ・ウィンとドオ・ラ・ラ・ミャインに同行を依頼した。三十代後半の夫妻は揃って宝石公社の公務員であるし、家には夫の両親と小学生の娘二人をかかえているので、公私共に無理を承知で頼み込んでしまった。私のことを「日本のお母さん」と呼んでくれている彼等は、

「大丈夫。公社にはシャン州にいる伯母さんが死んだことにして休みを取るし、家の方は弟夫婦に見てもらうから……」

と私を安心させて快諾してくれた。

単調な生活から離れる小旅行は、夫妻にとって、ちょっとした息抜きになるのかもしれない。一人旅に馴れている私が、いつになく何か起きるのではないかという予感がして、そんな場合に力になってもらいたいと思ったわけだったが、この判断が正解であったことは、出発後まもなく分かった。

朝四時に宿を出て暗黒のペグー街道を北へ北へと走って二時間、雨模様の空がようやく白みか

かった頃、パヤージィの町はずれで右の後車輪がパンクした。まだ百キロも走らないうちにである。「レー」(エア)とビルマ語の看板の出ている修理屋の店の前で、偶然止まったのは運がよかったと言えそうだが、そうは問屋が卸さなかった。

運転手のウー・チョウとコオ・ネイ・ウィンは早速パンクしたタイヤをはずして修理屋に渡した。続いて車の後部座席の下からスペアタイヤを出してきたので、それをすぐ取り付けるものと思って見ている私に、

「このスペアタイヤもパンクしたままだから、ついでに直してもらおう」

とウ・チョウが言い、コオ・ネィ・ウィンも、

「そうだ、そうだ、それがいい」

とにこにこしている。「一体全体、出発前にどんな準備と点検をしてきたの?」とあきれ返る私を尻目に、油まみれのロンジーをはいた中年の小父さんと三人で修理が始まった。

先ずパンクしたタイヤを店先に置いてある木材の上に寝かせてバールで軸からはずし、チューブを取り出して水を張った大型の桶につけて空気漏《も》れの箇所を探す。次に修理屋が「うちの近代設備だ」と自慢する古びた小型発電機を裏庭でガーガー作動させ、直径二十センチ位の空き缶の中の木炭に点火させた。それをパタパタと薄板で煽《あお》いで真赤にすると、缶ごと店内に持ち込み、鉄製の台上に移しておいたパンクしたチューブの穴の箇所にじかに載せる。忽ちゴムの焼ける不快な臭いが鼻を刺す。十五分程あたためるとゴムが溶けてくるので、そこへ古チューブから切り

取ったらしいパッチを当てて穴をふさぎ、煉瓦を二個重ねて押さえた。二十分程冷ましてようやく終了。最初の木材の上でタイヤにチューブを入れ、軸をはめて車に取りつけた。ところがこれがあれよあれよと言う間にペチャンコになってしまった。男性二人があわてて調べると、もう一箇所穴が開いていたことがわかり、のびやかなプロセスを今一度繰り返す。そしてスペアタイヤも同様のやり方で修理したのである。

この二本のタイヤ修理のため、丸二時間半を失う。夜はすっかり明け、雨は止んだが低い雲が垂れこめている。既に八時半。パヤージィの人々はそれぞれの仕事を開始し、小さい田舎町に活気が満ちてきた。

修理を待っていた間に、身ぎれいな三十過ぎに見えるおかみさんと、まだ十二、三歳のあどけなさが残る娘が、頭上に大きな包みを載せて修理屋の門前にやって来た。彼女等は修理屋に預けてあった木の台を引っ張り出し、その上に持参した食品を手早く並べて、店のわきのマンゴーの大木の下にあっと言う間にオン・ノウ・カウスウェの屋台をこしらえてしまった。大皿にはゆでた麺が盛り上げてあり、バケツ型のブリキの大鍋にはスープがたっぷり入っている。更にそれぞれ別の深皿に入ったたまねぎの薄切り、ナン・ナン・ビン（コリアンダーの葉）、ゆで卵の輪切り、揚げスナックを細かくしたもの、ライムの三日月スライス、さつま揚げの細切り、真赤なとうがらしの荒挽《び》きの粉などが並べられている。

オン・ノウ・カウスウェとは、ビルマ人が朝食やお八つに好んで食べるスープそばで、中華麺に似たゆでそばに、香りの高いココナツミルク入りのチキンスープをそそぎ、その上に各人好みの具をのせて味わう。スープの中にもチキンの身やたまねぎやにんにくの刻んだものが入っていて、とろりとしたコクのある美味しさである。

屋台の準備が整ったのを見計らったように、修理屋のおかみさんらしい人が丼を手にして出てきた。一人前を作ってもらうと、その場に立ったまま散蓮華で器用に食べ始める。オン・ノウ・カウスウェは私も好物の一つなのだが、馴れないうちは長いつるつるした麺を散蓮華で口に運ぶのに相当苦労したものである。四苦八苦してようやく掬い上げたおそばは、口許へ持って来た途端にするりと落ちてしまって、開けた口には入らず、大いにあせった。そこで改めてビルマ人の食べ方を観察し直したところ、彼等は先ず散蓮華の縁で麺を細かく切ってから具と一緒にスープにまぜ込み、口に運んでいたのである。今では私もこの方法でお代わりまでするようになった。

パンクの修理がやっとのことで一件落着し、パヤージィを後にした我々は再び北へ向かって急いだのだが、一時間走るか走らないうちに、ダイウーという町の手前でビルマでは考えられない大渋滞にひっかかってしまった。この辺りは水田が多く、我々の通って来た道路の両側は、見渡す限り三十センチ程に伸びた浅緑の稲の葉が小雨の中で漣《さざなみ》のように揺れていたのだが、その道を長蛇のトラックが遮っているのだ。

ウー・チョウとコオ・ネィ・ウィンが車を降りて様子を見に行って来てくれる。やはりこの先百メートル位の所から洪水で一キロ余りは道路が水没してしまっているとのこと。湖水化した水田の中を、乗用車はフェリーで、トラックは一台一台十数人の村の男性に押してもらいながら、水面下の道路を伝って対岸に渡っているのだそうだ。コオ・ネィ・ウィン達が話をつけておいたとみえて、間もなく整理係りの男性がやって来ると、我々の車をトラックの列のわきをすり抜けさせ、洪水現場まで手引きしてくれた。

洪水の湖の岸辺、つまり道路が水中に没している地点には、トラックの列の右側に二台の乗用車が並んでいて我々は三台目である。フェリーは目下対岸に向かっているとのことで、姿は見えないが一往復に三十分以上かかるという。時刻はもう九時半を大分過ぎてしまっている。今日中にカローに着かなければならないのに、ここダイウーはヤンゴンからたった百二十キロの地点なのだ。五分の一の距離さえ走っていない上、この洪水現場で一体どの位時間を費やすのかと気の遠くなるような思いで肩を落とす私を横目で見ながら、男性二人は心中案じてはいるのであろうが、一見何の屈託もない様子でほがらかにしゃべっている。ドオ・ラ・ラ・ミャインも「困ったことになりましたね」と口では言いながらも、落ちついた顔つきで長い髪の毛をゆっくり梳《す》いて束ね直したり、荷物の整理をしたりしている。

あきらめた私は現場の様子を車の中から観察することにした。洪水で湖水化した広大な水面には、ところどころに灌木の枝がつき出ているだけで、水田の面影はどこにもない。左側に並んでいるトラックは二十メートル位の間隔をとりながら一台ずつ水中に入ってゆく。すると岸辺にたむろしていた十数人の男性が、腰まで水につかってトラックの後方と左右に分かれると、掛け声と共に押し始め、対岸へ向かう。向こう岸から来る対向車も同様のスタイルで次々と近づいてきては陸に上ってくる。広くもない二車線の道路であるから、水中で路肩を踏みはずしたら一大事であろうに、皆無事に往き来しているようである。

少し気持が落ちついてきて辺りを見回すと、正面の湖のみが洪水地域ではなく、路の両側も出水して川のようになっているのだが、高床造りの民家はその水中に何事もない様子で建っている。この辺りの人々は何年かに一度発生する大洪水に備えて、小舟を持っているようだ。あちこちで子供達が楽しそうにボートを漕いで遊んでいる。

退屈した我々四人は車を降りてトラックの列の向こう側へ行ってみた。そこには屋台が三軒出ていて、飲物、食べ物、雑貨などを並べている。待ちくたびれたトラックの運転手が入れ替り立ち替りやって来て、揚げそら豆の袋や、皮をむいたバナナを載せて蒸した赤餅米のちまきを買ってゆく。朝から何も食べていない我々は「おいしそう……」とは思うが、四人共衛生面を考えて誰も買おうとは言い出さない。車に戻って、私はヤンゴンから持参したミネラルウォーターと日本のキャンディを配ったが、おなかの足しにはならなかった。

待つこと四十分。「来たよ、来たよ」という声に車外に出てみると、フェリーと称するものが一台の車を載せて岸へと近づいてくる。見ると、長さ五メートル、幅一メートル半位のボート二艘が双子のように並び、一艘分位の間隔をとって頑丈な木製の筏が双方の舟の胴体をまたぐようにして固定してある。その上に一台の車が運転手の他に三人を乗せたまま横向きに載っている。ボートにはモーターが取り付けてあり、大きい音を立てている。これでフェリーと称するものの正体が分かり、改めてこの土地の人々の生活の知恵に感服した。人力の車押しにせよ、この即席のフェリーにせよ、農民達は稲作全滅の年の収入源として苦肉の策を講じ、その上人助けをしているわけなのだと、一人納得もしたのである。

フェリーは岸から五メートル位の浅瀬で停止し、乗っていた三人の船員が大声を挙げながら車を降ろす作業を始めた。ボート上に用意してあった長さ三メートル、幅五十センチ程の二枚の厚板を、車輪と車輪の間隔に合わせて左側のボートの舟端から水中にたてかけて固定すると、舟上の運転手に合図をした。車は渡し板の上を用心深くゆっくりとバックで進み、無事に水中に降り、上手に向きを変えると岸に上って我々の後方へ走り去った。

さて今度は我々の前にいる二台の車である。あと二回の往復。一回が三十分余りとはいえ、先程のは四十分も待ったし、乗船下船にも相当時間を要するから……とドオ・ラ・ラ・ミャインと目を見合わせた時、前の二台は小型車なので一度に運べるという情報が入って一同ほっとする。

この二台を載せたフェリーは上げ降ろしに余分の時間を使ったとみえ、帰って来たのは十一時半であった。いよいよ我々の番だ。ウー・チョウは運転席に、あとの三人は各人の座席に坐ったままで先ずは水中に乗り入れ、舟の前で向きを変えて渡し板の調整と固定を待つ。ウー・チョウは緊張した面持ちだが落ちついている。合図と同時に彼はアクセルを思い切り踏んで勢いよく乗舟、即座にブレーキを強くかけてストップした。スリル満点。四人は共々胸をなで下ろした。
舟上の車中から湖面を眺める。雨の止んだ湖上は静かだが、トラックが人々に押されて通ってゆく沈んだ道路の近くには、幹が半分水中に没した樹木がつき出て居り、ところどころ葦のような葉先が見えることもある。水面下の大半は水田なのであろう。こんな景色は二度と見られまいと思いながら十七、八分で対岸に到着した。道路が水中から現われていて、手押しのトラックが次々と上陸している。我々も再び渡し板の調整と固定を待って下舟、数メートル水中を通って陸に上った。こちら岸も順番を待つトラックと乗用車の列が続いている。

それらの車をすり抜けて、十二時半過ぎにヤンゴンから約百五十キロのニャウンビンに着いた。道路沿いに中国料理店らしき店を見つけて入る。屋台よりはいくらかましだが、不衛生には目をつむって、出来る範囲の自衛策で対処するしかない。先ず持参したミネラルウォーターを東京から持って来たプラスティックのコップにそそいで、用心のためにワカマツ錠を飲む。十歳位の男の子が注文を聞きながらテーブルを雑巾のような台ぶきんでふき、薄汚れた格子模様の布を人数分ナプキン代わりに置いてくれる。コオ・ネィ・ウィンがチキンスープそばを頼むと案外早く運ばれて来た。出来立ての熱い料理なので、器はそのままで仕方ないとしても散蓮華は気になるので消毒綿で丁寧にふいた。透き通ったスープに数種類の野菜とチキンが少し入っていて、空き切った胃にじーんとしみ渡る。白くて細いそうめん風のおそばは結構美味しかった。

三十分後に出発。四人共おなかが一杯になって大分元気になる。路の両側の水田はいつの間にか消えて、野菜畑が目につくようになった。雨は止んだが相変らずの曇り空だ。三時半にタウングーに到着。ヤンゴンから三百キロ、まだ半分も来ていない。ここはペグー管区では管区庁所在地のペグー市に次ぐ大きい市で、カヤ州への分岐点でもある。町の中心部に来るとすぐ一軒の茶店に入った。お茶を飲むためではない。女性二人がトイレ借用を頼んだのだ。ビルマ語でトイレのことをエインダーと言う。地方では必ず屋外に作られている。この店でも店内を通り抜けた裏庭にある小屋に案内された。二段上がって木の戸があり、中には前後の区別が分からない陶器の便器が木の床に据えつけられている。陶器の前方は斜め下方に向けて筒状になって居り、外部の地下に続いている。わきには大きい水瓶とブリキ缶が置かれていて、使用後、缶で瓶の水を汲んで流すシステムである。この店のは割合清潔で助かった。

タウングーの町を通り抜けるため、メインストリートを進むと出水地点にぶつかってしまった。ここの洪水は舟を出す程深くなく、せいぜい三十センチ位で、ウー・チョウは構わず水しぶきを上げて走り抜けたが、安心する間もなくその先で更に二箇所も水中運転を強いられた。

町を出る直前に後輪が左右共パンクした。さすが大きい市だけあって、ここの修理屋には輸入品の接着剤とパッチが用意されていて、二本の修理は三十分ですんだ。

ここから先は高原風の景色となり、再び小雨が降ったり止んだりではあったが、道路の状態がずっと良くなり、洪水とも縁が切れたようである。遅れをとり戻すためにウー・チョウはスピー

チーチー　ドオ・キャーキン　83才　Aug. 23 '99
タナカ（ビルマのタルカンパウダー）作り

ドを上げて走ったが、ヤンゴンから四百三十キロのピンマナの町の入口で又々右後車輪のパンクである。時刻は六時になっていた。時間を無駄にしないように、また運転手の疲れを軽くするため喫茶店に入り、コンデンスミルクが沢山入った甘いコーヒーを飲みながら修理を待った。幸いここでも三十分位で終了した。

ピンマナのシッタン河には赤と白の縞模様の橋が懸けられている。戦争末期、敗走する日本兵の多くがこの河の下流で命を落としたと聞いている。今は何事もなかったように濁流が流れている。

この町を出ると小高い草原に入り、暮れてゆく窓外にさとうきび畑が見える。七時半にヤンゴンより五百キロのヤメティンに、九時には五百七十五キロのメッティラー市に到着。とっぷり暮れた中で給油とエアの補給をしてから幹線道路を右折してシャン州方面、東方に向かう。細いが一応舗装してある田舎道を十キロ程真直走るとヤンゴン〜マンダレー間とタウンジー〜ミンジャン間の鉄道の交差点、タズィー市に着く。ここでウー・チョウはタウンエースのラディエーターの温度が異常に高いことに気付く。町の修理屋で水をもらって補給し、再び走るが又すぐ沸騰点に達してしまう、ということはどこかに異常がある証拠であろう。しかし既に九時を大分回っているので、彼はあせって丁寧に点検をせず、民家で水をもらってはラディエーターにそそぎ入れ再び走る。悪いことは重なるものでピャナンズーで五度目のパンク、今度も右後車輪である。修理する時間がないとウー・チョウは言って、スペアタイヤに替えてすぐ出発してしまう。私は今度山中でパンクしたらもう替わりがないのでどうするのか気がもめる。コオ・ネィ・ウィン夫妻も運転手の決定には反対出来ないらしい。

この村から先は、ピンカーヴの多い暗黒の山道となり、車のライトだけを頼りに、次々と峠を越える。ウー・チョウは二十分置きに水をラディエーターに補給する。時間は十一時を過ぎ十二時になってもまだカローに着かない。こんな時間でもジャングルの山道をトラックがすれ違ったり追い抜いてゆくのではらはらさせられる。

午前一時、ついに恐れていた六回目のパンクが真暗な山道で起きた。又々右後車輪である。スペアタイヤは無い。ラディエーターは相変わらず沸騰したままだ。万事休す。さすがのウー・チョウも「もうこの先の運転は出来ない。皆で夜が明けるまで車内で過ごそう」と言いながら、車を狭い路肩に寄せ、エンジンルームを懸命に点検し始めた。そしてついに彼はプラスティック製のファンのかけらを発見したのである。ファンが完全に壊れていたのだ。おそらくタウングーの水中ドライブの折にそれ迄熱せられていたファンが急激に冷やされ、素材がプラスティックのため割れてしまったのであろう。よくぞここ迄走って来たものである。

パンクしたあげくラディエーターを冷却するファンが役立たずというのでは全くのお手挙げである。目的地のカロー迄たった十三キロだとウー・チョウから聞いて口惜しさが増す。

万策尽きたと見たドオ・ラ・ラ・ミャインはあきらめが早くて、さっさと自分の荷物を枕にして後部座席で横になってしまった。男性二人はしばらく真剣に相談していたが、やがて結論が出た。コオ・ネィ・ウィンの説明によると、運転手のウー・チョウは荷物と共に車内に残って夜明けを待ち、夫妻と私の三人はヒッチハイクをしてカロー迄行き、翌日コオ・ネィ・ウィンが町で手筈を調えてからウー・チョウと車を助けに来るということになったのである。

丑三つ時の真暗な山中で三人は通る車を待つ。鬱蒼としたジャングルは恐しいほど静かである。その静寂を破って突然強いライトが目の前のカーヴの蔭から樹々を照らし出すと数秒でトラックが現われた。キャベツを満載している。コオ・ネィ・ウィンが両手を高く挙げて走り出し、必死で止めると傾いた我々の車を指差しながら同乗を求めた。しかしトラックの運転手は「このあとからタクシーが来るから、それに乗せてもらいな」と冷たい言葉を残して走り去ってしまった。

折りから又小雨が降り出し、ドオ・ラ・ラ・ミャインと私は折りたたみ傘を開いて、闇の中に立ち続ける。やがて弱いライトが曲がり角から射し、ボロボロの小さい車が姿を見せた。コオ・ネィ・ウィンが急いで呼び止めた。軽自動車を小型トラックに改造して、荷台に客を乗せるというビルマでタクシーと称するものの一つである。今回は即座に運転手との間に五百チャット（当時のレートで五百円位）でカロー迄乗せてくれるという商談がまとまった。

ところが屋根のない半畳程の荷台には、既に五人も先客の若い男性が座っていて、全く立錐の余地もないのだ。それなのに、とまどう女性二人に先客達は「どうぞ、どうぞ」と身を縮めて僅かなすき間を作ってくれる。先ずドオ・ラ・ラ・ミャインがロンジーを少しはしょると、男性達の膝を踏みそうな足取りで右奥に割り込んだ。次に私が先客達の脚と脚の間に自分の足をもぐり込ませるような動き方で左奥の隅に辿り着き、大きい体を八重に折るようにしてやっとのことで座った。コオ・ネィ・ウィンも乗り口に近い場所に何とかもぐり込んだ。総員八名、ともかく腰は下ろしたものの身動き一つ出来ない。私の鼻先には隣り合わせになった男性二人の汗の臭いが立ち込めて、体温が互いにじかに伝わる。

「発車オーライ」の合図を先客の一人が大声で運転手に伝えると、車はガクンと急発車した。デコボコの山道を遠慮なく飛ばす。荷台の三方は高さ三十センチ位の板で囲まれている。私は右手でその縁にしっかりつかまり、左手でおなかの上のハンドバックを押さえながら、上下左右の揺れに耐え、ピンカーヴの度に振り落とされないように頑張る。小雨に濡れ放題だが、そんなことに構っていられない。五、六分過ぎた頃、お尻が異常に熱くなってきた。エンジンが過熱され、その熱がじかに伝わって来る場所に座ってしまったらしいのだ。ペティコートとロンジー姿の私は、このままでは火傷を負ってしまう。体は一インチも動かせない。ドオ・ラ・ラ・ミャインに助けを求めようにも、車の騒音で声は届かない。追いつめられた私は、苦しい姿勢のまま、縁につかまった右手に上半身の体重をぐっとかけては数センチ腰を浮かせ、くたびれると下ろし、また浮かせるという動作を続けるしかなかったのである。

十三キロの道を三十分位で走ったのであろうか。私には数時間に思える苦しみだった。ようやくカローの町の入口に到着した。運転手は「さあ、ここで降りてくれ」と言う。我々三人は「お願い！　カローホテル迄連れて行って」と懇願したが、「先を急ぐから駄目だ。ここで降りろ、降りろ」と無理矢理つまみ出され、仕方なく約束の五百チャットを払うと、先客を乗せたまま行ってしまった。

深夜の二時、カローの町は寝静まっている。街灯もなく、暗闇の中で一瞬東西南北さえつかめない状態で途方に暮れる。雨が強くなってくる。コオ・ネィ・ウィン夫妻も方向が分からず、困り果てている。

そのうち闇に目が馴れて、気持も落ちついてくると、バザーの大きい屋根が視野に飛び込んで来た。その途端に私は東に向いて立っているのが分かり、南の方向へ進めばカロー・ホテルは左方の高台にある筈だと判断出来たのである。三人は私の推測に従って南へ向かって歩き出した。傘をさしている上、重い旅行用のハンドバッグを肩にかけ、パナ（ビルマの草履）を履いている私は時々ぬかるみに足をとられる。確かに南に向かっているし、両側は人家続きなのだが、どうも町中から離れてしまったようだ。犬が四、五匹出て来て、三人を囲んで吠えつく。ドオ・ラ・ラ・ミャインはこわがって傘で追い払おうとするが、犬はますます我々を怪しんで騒ぎ立てる。

コオ・ネィ・ウィンが遂に思い余って、僅かに光の洩れている木造の民家の戸をたたいた。彼がノックするわきでドオ・ラ・ラ・ミャインが「夜分遅く申し訳ありません。ごめん下さい、ごめん下さい」とやさしい声だが必死で繰りかえす。しばらくして戸が開けられ、老婦人の怪訝そうな顔がのぞいた。熟睡していたのを起こしてしまったのだ。夫妻が恐縮しながらホテルへの道を尋ねると、「この道を一旦バザー迄もどって、一つ向こうのこれと平行した通りを真直南へ行けば着きますよ」

とんだ迷惑をかけたのに親切に教えてくれた。

心からの感謝とお詫びを述べて、老婦人の家を後にする。教えられた道路に出てみると、以前何回も車で通って目にしていたまわりのたたずまいが記憶の中に甦った。車なら四、五分で着く距離を、黙々と歩く雨の中の上り坂の夜道は限りなく遠かった。

午前三時、やっとの思いでカロー・ホテルの門前に辿り着いた。一同思わず安堵の溜め息をつく。

ところが、人の背丈よりも高い頑丈な鉄の門はしっかり閉まっている。ベルを探したが、どこにもない。柵の間から覗くと、内側に門が通してあり南京錠がガッチリとかかっているではないか。「ホテルを目の前にして中には入れないなんて……」と女性二人が口惜しがると、コオ・ネィ・ウィンが、門と同じ高さの生垣に上って、見事なジャンプで庭へ降りると、本館へ走って行った。柵越しに闇の中を目を凝らして見ていると、五分程で門番が不機嫌な顔でやって来た。南京錠が音を立ててはずされて、重たげな門が軋みながら開けられた。疲れた足を引きずりつつ、本館のレセプションまで行く。眠そうな目で起きて来た宿直員が私の顔を覚えていて、事情を聞くと、

「こんな時間に大変でしたね。チェックインの手続きは明日の朝でいいですから」

と、二つの鍵を渡してくれた。

階段を上りながら夫妻に万々の御礼を述べて、二階の与えられた五号室に入る。先ずびしょ濡れのロンジーとブラウスを脱いで、籐の椅子にひろげた。疲れ果てていて、とても冷水のシャワーを浴びる元気は残っていない。顔と手と泥まみれの足だけ洗う。歯を磨きたくても、洗面道具を車に置いてきてしまったのであきらめた。洗った顔がつっぱってきたがローションもない。着替えやパジャマも車の中であるから、濡れたペティコートのまま、幸いハンドバッグに入っていたウィンドブレーカーを羽織ってベッドにもぐり込んだ。

眼を閉じて一日を振り返ってみる。出発前いつになく抱いた予感が当たり過ぎる程当たった結果に、我ながら驚く。ヤンゴンからカロー迄の二十三時間に及ぶ悪戦苦闘の旅でのいずれのハプニングを思い出しても、身震いしてしまう。もし一人旅だったら如何に途方に暮れ、恐しかっただろう。コオ・ネィ・ウィン夫妻に思い切って同行を依頼して本当によかった。どれ程助けられたことだろう。夫妻の友情の暖かさを心にかみしめながら、濡れたペティコートも顔のつっぱりも忘れて、私は深い眠りに落ちていった。

タンビューザヤッ

「汗の兵隊」を書いてからどの位の月日が過ぎただろうか。それは自ら泰緬鉄道の建設に加わり地獄の苦しみを味わったビルマの作家、リンヨン・ティッルウィンとのインタヴューを中心としたものであった。一九九三年八月十五日のヤンゴンでの取材の翌々日、彼は心臓発作で急逝してしまったので、強烈な印象が今も脳裏から去らない。

彼の話には度々タンビューザヤッという町の名前が出てきた。そこは日本軍に強制連行されたビルマ各地の労務者、いわゆる汗の兵隊達が揃えられて集合する地であり、泰緬鉄道のビルマ側の起点、悲劇の起点でもあった。私は取材しながら、いつの日かタンビューザヤッを訪れて、自分の眼でその起点を見なければ……と強く思った。

一九九八年一月、ようやくその夢を実現させるために私はヤンゴンへ飛んだ。

タンビューザヤッはビルマ国の東南に位置するモン州の町である。カレン州の西側に肩を並べたように南へ細長く伸びたこの州の州都、モールメインはヤンゴンから三百キロ、タンビューザヤッはそこから更に約六十キロ南にある。

ヤンゴンに着くと、待っていてくれた友人達が今回の目的を聞いた途端、口を揃えて、「だめ、だめ。最近タンビューザヤッ附近はカレン族の反政府活動の不穏な動きがあるので、外国人の出入りは禁止されているんですよ。どうしてもという場合は、外務省に許可願いを出すようにと言われています」と、計画をあきらめさせようとする。

私は、「ご忠告ありがとう」とだけ答えて、内心無視しようと思った。

このような状況の場合、当局は申請書を提出すれば百パーセント「不可」の答しか出さないのは自明のことであり、しかも大抵現地では何も発生していない可能性が大であるから、だまって出発するに限ると判断した。ともかく現地に着いてしまえばこちらのもの、万一誰何《すいか》されればその時は、「すみませんでした。許可が入用だなんて少しも存じませんでした」と言おうと覚悟を決めた。

この国は何か極く些細なトラブルが起きたり起きかけたりすると、直ちにその地域への出入に関して外国人に許可申請の命令を出すのだが、その割合に取締り態勢は調っていないのが常である。それに私はロンジー姿であるから、ちょっと見ただけでは日本人とは分からないかもしれない。ともあれ今回はこの線で大成功、無事にタンビューザヤッの往復をすますことが出来た。

カロー行きで前回世話になったコオ・ネィ・ウィンが、タンビューザヤッは初めての場所でもあるし、政府の許可を得ないで出掛けると頑張る私を案じて、同行を申し出てくれた。今回の車は大型のフォルクスワーゲンなので、タイヤが堅牢でありますようにと心から願う。ドオ・ラ・

ラ・ミャインは公私共に都合がつかない由、運転手のウー・ニュン・ウィンを入れて、一行は三人となる。

一月十日、午前五時前にヤンゴンを出発、一旦ペグー迄北上し、そこで東に折れて十キロ程走ってシッタン河を渡ると、あたかも大きくUターンをしたような形で今度はそのまま南下してゆく。マルタバン湾が深く喰い込んでいる関係で、大分迂回しなければならないのだ。橋の数キロ手前のウォーという町で、モヒンガ（魚のスープをかけたそば）とチャパティの朝食をとる。ビルマには衛生面の心配さえしなければ、安くて美味しい食べ物が沢山ある。時計を見ると七時。すっかり夜が明けて、朝の空気はさわやかだ。

八時半にチャイトー、九時二十分にビリンを過ぎる。この辺りはマレー半島に気候が似ているのだろうか、急に景色が水田や畑からゴム林に変わった。ところどころに「国立ゴム植林地」と英語で書かれた立て札が目につく。十時十五分、タトン市を通り過ぎると、左に連山、右に草原が続くようになる。

丁度正午にマルタバン市に到着した。大きく広がったサルウィン河の河口に面したビルマ最大の漁港で、日本の漁船も時々寄港する。ここから対岸の町、モールメインにはフェリーで渡らなければならない。フェリーを待つ間に、港の近くのレストランで、山羊肉のビルマカレーと野菜スープで昼食をすませた。桟橋に並ぶ十数台のトラックの末尾について、乗船の順番を取る。辺りはおみやげ屋や雑貨屋が何軒もあって、大変なにぎやかさである。太陽が真上で輝き、気温が急激に上昇した。魚の臭いが鼻を突く。

午後二時、大型のフェリーが到着。古色蒼然としていて、相当の年代物のようである。乗っていた二十台余りのトラックや車が、大きな鉄製の渡し板を通って下船し終わると、こちら側の乗船が始まった。整理係りが上手にさばいて、フェリーの幅広い床に三列に並ばせてゆく。我々のフォルクスワーゲンは右端の場をもらった。船は海に続く広い河口の水面をすべるように進む。三人は車から出て、狭い甲板で海風を吸って潮の香りを楽しんだ。水に反射する熱帯の陽光が眩しい。僅か三十五分でモールメイン港の桟橋に到着して下船した。

タンビューザヤッはここから六十キロ、そう遠くはないのだが、適当なホテルがないとのことでモールメイン・ホテルに二泊する予定となっていた。ホテルは町の南端にある。三時十五分にチェック・インした。真紅のブーゲンビリヤが咲き乱れる庭には、赤い屋根のコッテージが点在している。そのなかの隣り合わせの二軒がコオ・ネィ・ウィンと私に与えられた。運転手は町の中の小さい宿に泊まるそうだ。

コッテージの中は思ったより清潔で、家具も感じよく配置してあった。シャワーを浴びてから、三人で町の東側に流れるザミ河の畔《ほとり》を車を降りて散策した。椰子の木が見事に伸びて、頂きに扇形状に葉を繁らせている。河幅は百メートル以上あるだろうか、対岸の山並みは夕陽に映えて美しい。一日の労働を終った馬が馬車ごと水の中に引き入れられて体を洗ってもらっている。時々、気持よさそうな嘶《いなな》きが河面に響く。平和そのものの夕景色を楽しみながら、五十数年前にはここも戦場になっていたのだという思いがふとよぎった。

翌朝八時、いよいよ待望の目的地、タンビューザヤッへ向かう。最初の五キロ程は、地方では非常に珍しい三十メートル幅の立派な舗装道路で、快適なドライブだったが、そのあとはまた狭い簡易舗装の道になってしまった。

コオ・ネィ・ウィンは熱心な仏教徒なので、ムドンではカンチィ・パゴダ、チャイカミではイェレ・パゴダのお参りにお伴した。彼への感謝の気持を現わすのには、パゴダ廻りが一番のようである。私は彼の望む通りにどこの町でもパゴダに寄ることにしている。

チャイカミから先は、再びゴム林が続くようになったが、どういう訳か大半の樹は茶色に枯れて無残な姿をしている。病気か虫か、水不足か、いずれにしても一日も早く手当てをしなければ全滅してしまうのが素人の目にも判然としているのだが、どこにも人影はなかった。

タンビューザヤッには正午前に到着した。小じんまりした町で、古い家並みのメインストリートを進むとすぐ町はずれに出てしまった。左手に立派な鉄柵の門と刈り込まれた生垣が見えたので、車を停めて近づいてみると、そこは英連邦が建設した戦没者の墓地であった。ビルマ人の門番に扉を開けてもらって中に入る。広大な敷地は掃除と手入れが行き届いていて、点々と植えられているプルメリヤは白い花をこぼれるようにつけて居り、二つの大きい花壇には、丁寧に剪定《せんてい》されたバラの花がとりどりの色を競っている。一面の芝生には雑草一本生えていない。私は一瞬ヨーロッパのどこかの庭園に迷い込んだような錯覚を起こしそうになった。

門の内側は屋根のあるポーチになっていて、振り向くと門をはさんで両側に石碑がはめ込まれている。右側のベージュ色の碑には、

「一九三九－一九四五
タンビューザヤッ戦没者の墓地」

とあり、左側のやや大きい碑には、

「一九三九－一九四五
墓石の建てられているこの土地は、ここに眠る栄誉を授けられた陸、海、空の兵士達の永遠の憩いの園として、ビルマ国民より寄贈されたものである(注1)」

と刻まれている。

更にポーチの右手には、三メートル程の高さの黒い木製の十字架が台の上に取り付けられていて、その台には、

「この十字架は一九四二年より一九四五年まで捕虜にさせられていた人々が、『犠牲の十字架』が現在（敷地中央の奥に・著者注）建っているこの墓園に於いて製作し設置したものである。

そしてこの十字架は彼等の信仰と不屈の精神の証としてここに保存されるものとする(注2)」

と金色の文字で書かれている。

目を再び庭園に向けると、二つの花壇の手前には三段構えの台の上に、高さ一メートル半、幅

五メートル、厚さ五十センチ程の純白の大理石の記念碑が横長に置かれて居り、大きい文字で、

「彼等の名は永遠に生きん」

とある。

この記念碑の後方、墓園の中央の突き当たりには、白く背の高い「犠牲の十字架」があたかも個々の墓を見守るように粛然と建っている。

刻まれている言葉を追っていた私は、急に一つの疑問を抱いた。この墓地は泰緬鉄道建設の犠牲者のために造られたことが明白であるにもかかわらず、日本の国名も泰緬鉄道の名も一度も出てきていない。一体何故なのだろう。

それは紳士の国、イギリスのエティケットなのだろうか、宗教的な寛容または用心深さであろうか、それとも口にするのも文字にするのもおぞましいのであろうか。

花壇の後方には墓石が整然と並んでいる。広い敷地に大半円を画くように、八つのプロットに分けられた三千七百七十一基の黒い大理石の墓が放射線状に広がっている。

ひとまわり大きいコンクリートの台上の墓石の幅は約七十センチ、奥行き四十センチ、高さは十五センチ程であろうか。それぞれの墓石には氏名、国名、称号、所属部隊名または機関名と整理番号、死亡年月日と年齢、その下に父母や妻、その他の家族の言葉が短く刻まれている。例えば、

「彼等の名は永遠に生きん」と刻まれた記念碑
(英連邦タンビューザヤッ戦没者墓地　1998年１月12日)

戦没者の墓石（英連邦タンビューザヤッ戦没者墓地　1998年１月12日）

「愛する息子よ、共にこの世で過ごした幸せな日々を大切な思い出として。父母」

「最愛の者よ、神のみもとでの平安を信じている。あなたが限りなく愛してくれた父と母は、いとしいあなたを永遠に忘れることはない」

などとあり、切々と肉親を失った悲しみが伝わってくる。


さてタンビューザヤッ連邦戦没者墓地を後にして、ようやくこの旅の本来の目的地、かつての泰緬鉄道の起点へ移動した。そこは表通りから少々東へ入った細い道に面し、雑草の生い繁る原野と言っても過言ではない場所にあった。それでも一応鉄条網で柵が張りめぐらされ、二本の棒杭を打っただけの出入口には、ビルマ語と英語で、

「ビルマ・タイ間、日本の死の鉄路博物館」

と書かれた木製の標示板が立っている。私の目と心に「死」という文字が喰い込んだ。

柵の中に入って見渡すと、最初に目に飛び込んだのは昔懐かしい日本の蒸気機関車だ。しかし通常、日本の機関車は黒一色であるが、ここのは相当の部分が緑色のペンキで塗り変えられている。円筒形の機関部の四分の三のみが黒色のままで、あとは正面の円形部分、煙突、丸い二個の釜、機関部の中央四分の一と後方の機関士室全体がすべて鮮やかなグリーンなのである。機関士室の窓下には黄色のペンキで「C0522」のナンバーがくっきりと書かれているが、機関車の正面にはナンバープレートはつけられていない。

分厚いコンクリートの台上に設置されたカラフルな蒸気機関車は、南国の陽光に反射して輝き、孤高の威厳を保っている。遙々日本から船で運ばれ、泰緬鉄道開通後終戦まで、ここタンビューザヤッとタイのバーンポーン間のジャングルや険しい峡谷を縫いながら走り続けた機関車である。いく輌かの車輛を牽《ひ》いて「死の鉄路」を何百回、何千回と往復したこの機関車は、如何なる人々の運命を東から西へ、西から東へと運んだのであろうか。

写真を撮るために機関車のまわりを歩いていると、今まで気がつかなかった人影のようなものが見えてきた。近寄ってみると五、六メートル程の古びたレールを挟んで、つるはしを振り上げて働いている二人のビルマ人労務者「汗の兵隊」を象《かたど》った等身大の石膏の人形で、その傍には銃剣を手にした日本兵士の人形も立っている。如何にも稚拙《ちせつ》な作品と演出ではあるが、ビルマの人々が精一杯の思いを込めて作製した悪夢の再現なのであろう。

目を右に移して奥の方へ歩いてゆくと、伸びた雑草に半ば隠れて赤く錆びた二本のレールが十メートル程現われた。そのわきの煉瓦の台上に、黒い石の記念碑が置かれ、ビルマ語と英語で、

「ビルマ・タイ間、日本の死の鉄路の起点はここである」

と白い文字で彫られている。台のまわりには燃えるような紅い鶏頭の花が植えられており、雑草の間から背伸びをするように首を出している。

当時はせめて駅らしい建物が存在したのであろうか。それともこの原野のこのスポットが単なる起点であったのだろうか。私は何の建築物の痕跡《こんせき》もない荒涼とした草原に、言葉もなく立ち尽

くした。

ところで私はこの文を書いているうちに、「ビルマ・タイ間、日本の死の鉄路博物館」の柵内に置かれた機関車に関して、その背景をくわしく知りたいと思うようになった。そこで鉄道第九連隊の一員として泰緬鉄道敷設作業に従事した元将校、菅野廉一氏に電話で依頼したところ、左のコメントが得られた。

「お尋ねのあの機関車は確かに日本から運ばれたものの一つで、本来のナンバーは『C５６５６』でした。現在ペンキで書かれている『C０５２２』はビルマ人が新たに付け変えた番号なのですよ。日本の機関車のナンバーの文字は最高級の合金で造られていましたから、恐らく取りはずしてお金に換えてしまったのでしょうね。

終戦の時ビルマ側に置き去りにされた五、六輌の泰緬鉄道の機関車は、その後、数十年間タンビューザヤッとイェ間の鉄道路線に利用されていました。しかし余りに老朽化したために、今から七、八年前に廃棄処分されたのです。その中の一番よい形で残っていた『C５６５６』を他の廃棄車輛の部品を集めて修理し、平成五年にあの広場に設置したというわけなのですね。その折に黒の上に緑を加えて塗り変えたのだと思いますよ」

なるほどと思いながら取ったメモを読み返しているところに、菅野氏から折り返し電話がかかって来た。

Aug 9 '99

「申し上げそびれたことがあるので、お呼び立てします」

「何でしょうか」

「機関車の他に三体の石膏の人形があったのをご覧になりましたか」

「はい、見ました。線路をはさんで働く二人のビルマ人労務者と見張りの日本兵でした」

「その兵士が銃剣を手にしていたでしょう？　実は銃剣を持っている兵隊の姿には大きい問題があるのですよ。事実と全く反しているのです」

「そうおっしゃいますと？」

「実は当時、工事に従事させていたグループに二種ありました。捕虜と民間人です。確かに捕虜に関しては銃剣を携えた兵隊が監視していました。しかしビルマ人はあくまでも民間人の『奉仕隊』として扱っていましたから、兵隊は丸腰で監督していたのですよ。いや監督というより、むしろ彼等と一緒に働いていたんです」

一気にそこまで説明すると、更に続けて、

「私は何度かタンビューザヤッに行っているのですが、この三体の人形はつい二、三年前にあの広場に加えられたもので、今年一月の現地訪問の折、初めて目にして驚いてしまったのですよ。このことはこのままにして置くわけには行きませんので、元鉄道隊の我々は、この誤解に基づく日本兵士の姿を是正してもらうように、目下ビルマ政府との交渉の準備をすすめているところなのです」

ということで、

「あなたが現地訪問の記録を書かれるのであれば、この件は是非忘れずに加えて下さい」

と念を押された。

そう言えば『汗の兵隊』で取材したリンヨン・ティッルウィンも、工事監督の日本兵士の態度に対する批判はしたが、銃剣を手にしていたとは一度も言わなかった。また彼の著書『死の鉄路』の中でも、労務者が気に入らないことをするとびんたを食らわしたり軍靴で蹴ったと書いてあるが、銃剣で脅したとは述べていない。とすれば、やはりこの石膏の日本兵士にはビルマ人が恐しい思い出を強調するあまりに銃剣を持たせたのであろうか。


ウー・ニュン・ウィンが誰かに聞いて来たと言って「日本のパゴダ」と呼ばれている場所に連れて行ってくれた。それは泰緬鉄道起点から、ごく近くのさびれた空地のような所にあった。三方を灌木で、一方を森で囲まれた枯草の野原である。中央に赤土を盛り上げ、その上に高さ五メートル位の小さいパゴダが建てられている。白い塗料がところどころ剝がれ落ちている。パゴダのわきに、縦長の墓の形をした一メートル半程の白い石碑が立っており、表に、

「泰緬連接鉄道緬側建設殉難者の碑」

とあり、裏側には、

「泰緬連接鉄道完成之秋《とき》ニ方《あた》リ碑ヲ『タンビザヤ《ママ》』ニ建テ緬側人柱之霊ヲ慰ム

昭和十九年二月吉日
緬側建設部隊長
陸軍大佐従五位勲三等　佐々木萬之助」

と、墨で書かれたように黒々と刻まれている。

右方の森の中から黄土色の僧衣をまとった人が出て来て、手招きをしながら僧院へ来るようにと言う。このパゴダを護る僧侶らしい。三人でついて行くと、僧院とはとても言えない高床造りの古い民家の階段を先に上って行くので、我々もパナを脱いで素足で従った。上ってすぐの板の間には薄べりが敷いてあり、一人の小坊主が迎えてくれた。僧侶が奥に、三人は階段に近い方へ並んで座る。開け放しの左手の隣室には擦り減った木綿の敷物が延べてあり、色褪せた仏陀の画像を張った壁の前には質素な祭壇がしつらえてある。その上に小さい木彫りの仏像が置かれ、両側にアスターの花が供えられている。

コオ・ネィ・ウィンが自分を含めた三人の簡単な紹介をすると、僧侶はウー・パーラグウと名乗った。彼は小坊主に命じて仏間からビルマ語と日本語で印刷されたパンフレットを持ってこさせ、一同に配った。

聞いてみると「パゴダの由来（タンピュザ《ママ》ヤ）、ご参拝ご案内」と題して、泰緬鉄道の説明として、

「一九四二年第二次大戦に日本陸海軍が『七月』に敗れて物資、兵器、兵隊等の輸送が海上か

らできなくなりましたので急遽陸上からの輸送を計画して建設に入ったのがこの鉄道でした」とあり、従事した「兵士の数は四万二千人」、「捕虜として抑留されていました人々とミャンマー建設奉仕隊の人達が約一万五千人」であると述べている。

パゴダ建設の由来としては、「其の工事の中で八十二km付近でコレラが発生して多くの捕虜達が病魔で倒れた」ので彼等の「霊を労う為に、当時の連隊長佐々木満之助（碑には萬之助とある・著者注）の命により（中略）一九四三年十二月から一九四四年三月に掛け建立した物であります」としている。

病魔で倒れた捕虜達の中に、「ミャンマー建設奉仕隊」の人々が含まれているのか否か「達」という表現の内容が摑めない。また「多くの捕虜達」とあるが、その概数さえ書かれていないのは不可解である。

尚「まことに残念な出来事」として、日本の兵士もコレラで「八十六名と言う勇姿を失った」と明記し、再び捕虜の犠牲に触れながらも「戦後の物語には枕木一本に一人の犠牲者がと言われましたがそれは嘘で全体の犠牲者の数としては二千四百名に過ぎません」と弁明している。また文脈上この「二千四百名」の中にビルマ人労務者は含まれていないと思われる。(注3)

更に「日本が負けた関係で勝った国々の言うままに過ぎてきましたが戦後も五十三年になりましたので真実を述べるべきと心得」という見解を示し、映画『戦場に架ける橋』を「ナンセンス」と言い切っている。

このパンフレットの著者は、

「元鉄道連隊第二大隊第三中隊第一小隊

陸軍準士官　奥山大次郎

一九一八年生まれ」

とされ、印刷年月日は記されていないが、文中に「戦後も五十三年になりました」とあるから一九九八年かと思われる。

パンフレットのお礼にいくばくかの寄進をして僧院を辞した我々は、コオ・ネィ・ウィンの案で、この町から数キロ西のセッセという海辺の村で遅い昼食をとり、一路モールメインに戻った。

今回の旅は雨季のカロー行きと異り、パンクもせず、予定通りの行動が出来た。目的は泰緬鉄道のビルマ側の起点を見ることだけのつもりであったのに、思いがけず英連邦戦没者墓地をゆっくり見学し「日本のパゴダ」の存在を知ることも出来た。

ホテルに帰って一人になり、一日を振り返ってみた。

英連邦は十分な予算と非の打ち所のない管理で、広大かつ立派な戦没者墓地を保持して居り、かつての日本軍はコレラに関してのみだが病没した捕虜達のためにささやかながら供養のパゴダを建立して、土地の僧侶に管理を依頼している。

ビルマはどうであろうか。「ビルマ・タイ間、日本の死の鉄路博物館」であのような形で悲惨な過去の歴史を訴えて残そうとはしているが、犠牲者の墓地はどこにも見当たらない。実は連邦戦没者墓地を訪問した時、ビルマ人の管理人にこの質問を投げかけたのだった。

「どこにもありません。『汗の兵隊』は死ぬとその場に埋められただけです」

淡々とした悲しい答であった。悪夢の時代から半世紀以上が過ぎた今日まで、ジャングルの奥深く埋まっている「汗の兵隊」達にも、いつの日か永遠の安らぎの得られる墓地が与えられる時が来るのであろうか。

メイドゥンヘッド（英国）

一九九八年一月十二日、タンビューザヤッ連邦戦没者墓地を訪れた折、入口に、
「この墓地に関しての問い合わせは、英国メイドゥンヘッドの連邦戦没者墓地委員会へ」
と書かれた小さい標示があったのを私は忘れなかった。

同年十二月、ブリティッシュ・ライブラリーに用事があってロンドンに滞在していた私は、調べ物も一段落した十六日、墓地の資料を得たいと思って委員会を訪ねることにした。

パディントン駅からベッドウィン行きの列車に乗って西へ向かうと、三十分余でメイドゥンヘッド駅に着く。出発して二十分程は殺風景な工場地帯を走るが、いつの間にか緑の景色に変わって、ここはバークシャーの静かな町の一つである。

徒歩で十五分程の住宅街の一角に委員会の建物はあった。くすんだグレイに濃い茶色のまざった煉瓦造りの風格のある四階建てである。半開きの鉄の扉の右側の壁には、白い文字で「連邦戦没者墓地委員会」と英語で書かれたプレートが取り付けられている。門を通って建物に入り、玄関正面の受付の若い女性に名前と来意を告げた。にこやかに目で頷いた彼女は机上の機械を操作

していたが、間もなく後方のドアから銀髪の上品な女性が現われて、モリーンと名乗った。私を受付の右手にあるロビーに案内してソファをすすめると姿を消したが、数分すると何冊かの書類を手にして戻って来た。前日電話で「タンビューザヤッ戦没者墓地に関して譲って頂ける資料があったら是非お願いしたい」と委員会に伝えてあったので、用意しておいてくれたらしい。

渡された資料は三冊の名簿と一葉のパンフレットであった。アルファベット順に整理されている名簿は一冊八ポンドで二十四ポンドを支払ったが、パンフレットは無料とのことで言葉に甘えさせてもらった。

モリーンによると、この委員会はビルマだけでも三箇所、その他タイ、インド、パキスタン、スリランカ等合わせて二十二箇所に存在する第二次世界大戦の戦没者墓地を全部管理していると言い、

連邦戦没者墓地委員会（英国メイドゥンヘッド　1998年12月16日）

資料の中の地図を開いて見せてくれた。私はこの数多い墓地の管理のための予算の出所を尋ねてみた。

「主として英国の国家予算から支出されていますが、連邦国も協力しています」

とのこと、あのタンビューザヤッ墓地の塵ひとつない整然とした管理状態から推察しても、各墓地への予算と監督の目は十分に行き届いているに違いないだろう。

私は親切な応対と資料提供に感謝の言葉を述べてモリーンに別れを告げた。

ロンドンのホテルに戻ってから、ゆっくり資料に目を通した。

先ず二つ折り四頁のパンフレットであるが、表紙兼第一頁には「泰緬鉄道と墓地」と題して鉄道の由来と地図が載っている。第二頁と第三頁は、タイのカンチャナブリ墓地とチュンカイ墓地、第四頁はビルマのタンビュザヤッ墓地のカラー写真と説明文で埋められている。

次に三冊の名簿であるが、表紙の表題は、「一九三九－一九四五連邦戦没者」（ビルマ）とされて居り、その下方に「タンビューザヤッ戦没者墓地」パートⅠ、Ⅱ、Ⅲとあって、各冊が分類されている。

表紙をめくるとモリーンが見せてくれた地図が現われ、二十二箇所の戦没者墓地の場所が示されていた。

次頁の中表紙の標題は表紙と同様だが「戦没登録者名簿」という言葉が加えられている。中表紙の裏面には小さい文字で、

「連邦戦没者墓地として所有されているこれらの土地は、ビルマ連合国政府の寛大な配慮により寄贈されたものである」

と記してあり、タンビューザヤッ墓地で見た「ビルマ国民より与えられた」という碑の文面より正当性が高いように思われる。

中表紙の次頁から三頁にわたって各冊同文の「泰緬鉄道」と題する厳しい記述がある。

「悪名高き泰緬鉄道は」という鋭い言葉で始まる最初の文は、

「英、濠、蘭、米の捕虜により建設されたもので、ビルマにおける大規模な日本軍への補給手段を目的とする安全な交通機関の必要を迫まられた日本のプロジェクトであった」

となって居り、

「この建設工事中、一万六千人以上の捕虜が疫病、栄養失調、極度の疲労などのため死亡して、鉄道沿いの地に埋められた」と続く。

尚、強制徴用されたビルマやマライの労務者も多数死亡したが、

「日本は何の記録も保有していないため、正確な数を知ることは不可能である。その上、埋葬地点には何の目印もつけられていなかったのである。しかし八万人から十万人が命を落としたと推定されている」

と述べている。

更に、劣悪な宿泊施設、深刻な食糧不足、不衛生きわまりない生活状況によるマラリヤ、赤痢、

コレラ、悪性皮膚潰瘍の蔓延の様子を記し、「国際赤十字の小包が届いても全部日本軍に押収されて」捕虜の手には入らなかった事実も記述している。

また泰緬鉄道は「ビルマ側は一九四二年十月一日にタンビューザヤッから、タイ側は同月少し遅れてバーンポーンから建設が開始され、翌一九四三年十二月に全長四百二十四キロが完成される」という突貫作業であったが、

「完成後も、日本軍のタイからビルマへの兵士と物資の輸送が増大するにつれて、連合軍の報復爆撃が回数を増し、捕虜達は破壊箇所の修理に追われ、爆死の犠牲者も出るようになった」

とあり、しかも、

「日本軍はブルー地に白の三角印という国際捕虜キャンプのマークを掲げることを禁じたので死者はますます増大し、この状態は一九四五年八月十五日の日本の敗戦まで続いた」

と書かれている。尚、

「戦後、泰緬鉄道建設及び修理工事中に死亡した人々の遺体は、鉄道沿いに埋葬されていた現地から移送されて、タイ側のチュンカイとカンチャナブリ及びビルマ側のタンビューザヤッの各墓地に埋葬され直した」

という文でこの項を終わっている。

次頁には「タンビューザヤッ戦没者墓地」と題して、この町が「モールメインから四十マイル、アマーストからは十五マイル」であるとその位置を示し、訪問する際の交通手段等を説明してい

る。更に、

「この墓地は陸軍墓地奉仕隊によって、モールメイン、ニーケ間の鉄道沿い僻地の埋葬地から遺体を移送して造成されたものである」

とあり、

「埋葬者の総数は三千七百七十一人」

と明記して、名簿の見方の詳しい説明がなされている。更に次頁には国別、所属別の表（表1）が細かい数字を挙げて掲載されている。

その裏面にはタンビューザヤッ墓地の見取り図（図1）が入っており、そのあと、本来の名簿としての人名がアルファベット順に頁を重ねているのである。

入手した資料は以上のように簡単なものではあったが、実に明確に事実を示し、泰緬鉄道建設に関して厳しい批判をしている。

タンビューザヤッ墓地を訪問した際に、どの碑の文も泰緬鉄道に一言も触れていないことを不思議に感じていた私は、これらの資料を手にしてその差に驚いた。

しかし考えてみれば、キリスト教に於いては、墓地は神と故人の魂との神聖な交流の場であるという形而上の分野であり、一方記録や名簿作成等は現実の世界に於ける形而下の分野であるから、連邦委員会はこの二者を明白に認識して分別したのであろう、とようやく思い当たったのである。

（注1）“1939-1945
LAND ON WHICH THIS CEMETERY STANDS IS THE GIFT OF THE BURMESE PEOPLE FOR THE PERPETUAL REST PLACE OF THE SAILORS SOLDIERS AND AIRMEN WHO ARE HONOURED HERE”
（注2）“THIS CROSS WAS MADE AND SET UP IN THIS CEMETERY WHERE THE CROSS OF SACRIFICE NOW STANDS BY MEN HELD PRISONER DURING THE YEARS 1942–1945
AND IS PRESERVED HERE AS WITNESS TO THEIR FAITH AND FORTITUDE”
（注3）脱稿後、入手読了した『泰緬鉄道建設第三代司令官　石田榮熊遺稿集』（私家版、平成十一年六月十日発行）の石田司令官の手記によれば、「巡視途中、俘虜、苦力の墓標の林立せる墓場を見て（中略）ビルマ側に於いてはタンビザヤにパゴダを建設し、全死亡者の慰霊に供するに決し（以下略）」（一四〇頁）とある。これによりビルマの労務者「汗の兵隊」の霊も含まれていることが明白に理解された。

（表１）

軍	海軍		陸軍		空軍		商船隊員		その他		合計	
	判明者	未判明者	判明者	未判明者	判明者	未判明者	判明者	未判明者	判明者	未判明者	判明者	未判明者
連合王国（英国）	13	—	1529	27	18	—	1	—	—	—	1561	27
カナダ	—	—	—	—	1	—	—	—	—	—	1	—
オーストラリア	37	—	1291A	13	7	—	—	—	—	—	1335	13
ニュージーランド	2	—	—	—	1	—	—	—	—	—	3	—
インド	—	—	15	—	—	—	—	—	—	—	15	—
ビルマ	—	—	1	—	—	—	—	—	—	—	1	—
マレー	—	—	79	—	—	—	—	—	—	—	79	—
オランダ	49	—	568	—	—	—	—	—	4B	—	621	—
未判明連合国戦没者	—	—	—	114	—	—	—	—	—	—	—	114
非戦闘員の墓	—	—	—	—	—	—	—	—	1C	—	1	—
合計	101	—	3483	154	27	—	1	—	5	—	3617	154

A＝41名の特別文官を含む
B＝氏名のみ記録されてある者
C＝文官

(図1)

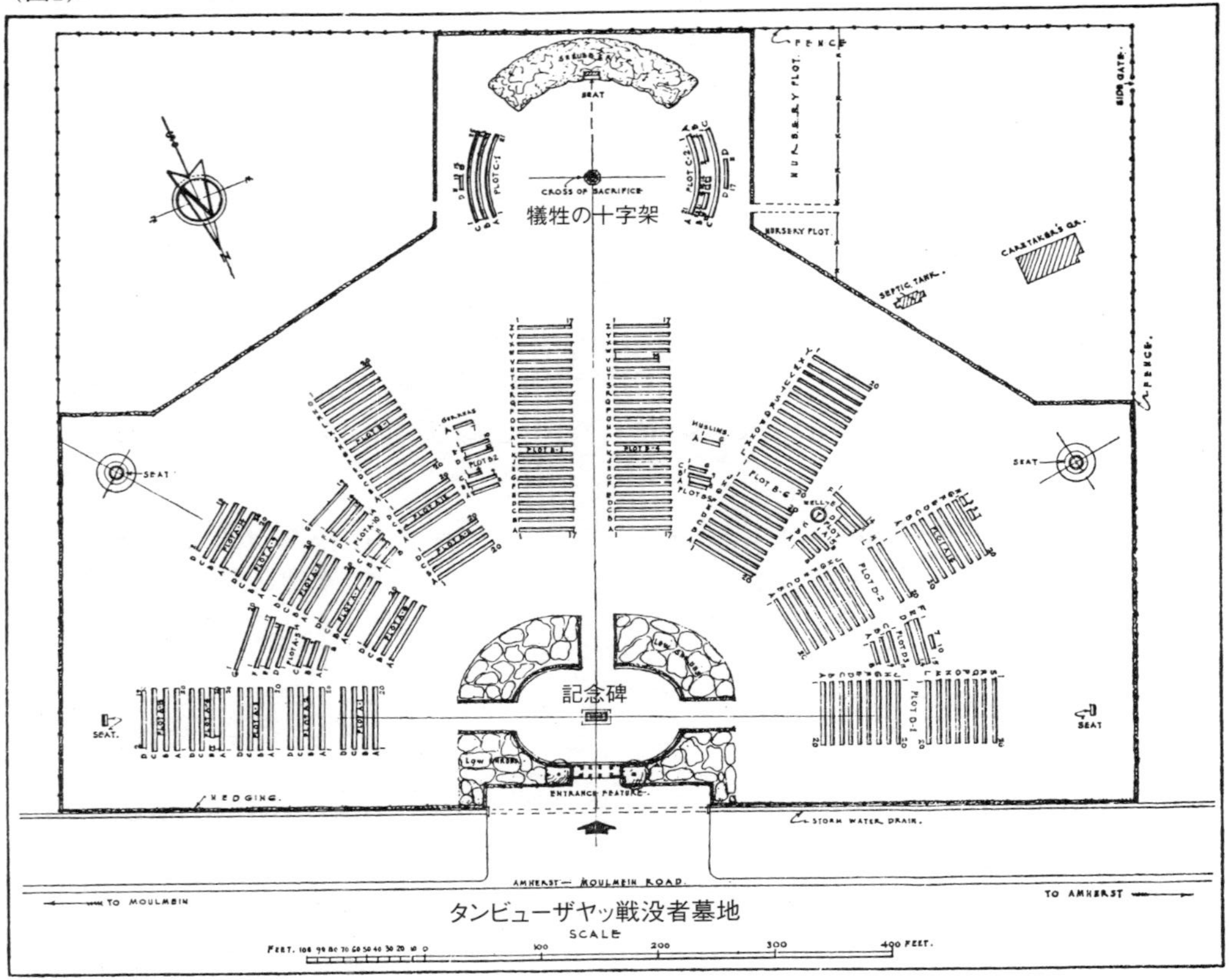

SHRUBBERY
SEAT
CROSS OF SACRIFICE
犠牲の十字架
PLOT C-1
PLOT C-2
NURSERY PLOT
FENCE
SIDE GATE
CARETAKER'S QR.
SEPTIC TANK
PLOT B-1
PLOT B-4
PLOT B-6
PLOT D-1
PLOT D-2
PLOT D-3
PLOT A-1
PLOT A-2
PLOT A-3
PLOT A-4
PLOT A-5
PLOT A-10
GURKHAS
MUSLIMS
記念碑
Low
ENTRANCE FEATURE
HEDGING
STORM WATER DRAIN
AMHERST — MOULMEIN ROAD
TO MOULMEIN
TO AMHERST
タンビューザヤッ戦没者墓地
SCALE
FEET. 100 90 80 70 60 50 40 30 20 10 0
100
200
300
400 FEET.

あとがき

太平洋戦争勃発時、日本が侵攻したアジアの国々は、大半が欧米諸国の植民地であったから、いずれの国も、祖国の地と国民が日本と宗主国との戦いで、想像に絶する深い痛手を負った。この本でとり上げたビルマは、その意味で氷山の一角にすぎず、取材対象は、そのまた雀の涙のようなものである。

しかし著者にとっては、貴重な時間をさいて快く協力して下さったビルマの方達の、遠慮がちな一言一言は胸の底に重く響き、時に語られたほほ笑ましいエピソードを含めて、感謝しつつ書きとめないではいられなかったのである。

これらの「ささやき」が、もしや読者の心の琴線にいささかなりとも触れ得たならば、協力者の方々の厚意に対する最高の謝辞に代わるものとして、著者として幸甚の至りである。

足かけ六年にわたる取材であったから、協力して頂いた方達にも変化があった。

「南方特別留学生」に登場する「失意の人」ウー・トゥン・ミンは、インタヴューの二年後の一九九六年五月、喉頭癌のため他界した。ヤンゴンの病院で長期間の闘病生活を送り、長女、ジャスミンの不眠の看病と、親友、ウー・テットゥンとウー・マウン・マウン・ニュンの励ましの甲斐もなく「失意の人」は失意のまま世を去ってしまった。

明るい話としては、長年、定職が得られず悩んでいた「生徒が一人もいない日本語教師」ウー・ラ・ミンが、一九九九年早々、カロー・ホテルの総支配人に抜擢されたというニュースが入った。再会が楽しみである。

尚、カローに滞在する度に世話になった元カロー・ホテルのフロント係りドオ・トウェ・トウェ・エイと、彼女の夫でバーテンダーをしていたウー・セイン・ミョウ・アウンは、四年前、揃ってホテルを辞めると、市内に「メイ・パラウン」という名のビルマ料理のレストランを開いて、新しい人生を歩み始めた。

「ビルマの哲学者と日本人僧」を執筆中、永井行慈上人に関する英国の資料を直接手にすることが不可能だったので、一九九八年十二月ロンドンに赴き、改めて大英図書館で原資料をつぶさに調べる機会を得た。

ロンドンの大英図書館オリエンタル・インド省コレクション（ＯＩＯＣ）所蔵の該当資料はビ

ルマ政庁特別公安調査機関から毎月出された秘密文書、治安情報概要の一九三八年から一九四一年までのものである。それらによれば、著者が作品に引用した永井の著書『ビルマ獄中記』に記されている事件の日時や人名、地名は驚くほど正確であり、すべてが資料の内容と一致していた。また、永井が同著書に記録した連合軍の援蔣ルートを走るトラックの台数も英国側の報告とほぼ一致しているから、彼の情報収集能力のすばらしさの一端を示していると言えよう。

英国のこれらの治安情報概要における永井は、一九三八年半ばより一九四〇年十一月ビルマ政庁の英国官憲によって国外退去を命ぜられるまで、日本の諜報員（シークレット・サービス）として要注意人物とされ、逐一その行動が追跡報告されている。

日本と英国との戦いで、祖国を隅々まで破壊され、多数の人命を失ったビルマは、一九四八年、見事に自らの力で英国から真の独立を勝ち取った。

しかし、一九六二年の国軍のクーデター以後、一九七四年に形ばかりの民政移管を行ったものの、実質的には今日まで一貫して軍が政治を動かしてきたと言えよう。ビルマ式社会主義をうたいながら、独裁者、ネィ・ウィンがたづなのとり方を誤ったため、国家経済が破綻寸前まで落ちこみ、ついに一九八七年十二月の国連総会において、世界最貧国と認定されるに至った。

一九八八年、先ず学生が立ち上がり、更に生活に苦しむ国民が全国的な反政府民主化運動に加わったが、国軍は武力でこれを弾圧し、全権を掌握すると、国家法秩序回復評議会（SLORC）を設置、ソオ・マウン大将が議長に就任して再び軍政を開始した。

同年、軍事政権は社会主義経済制度を破棄し、市場経済を導入、中国を筆頭にシンガポール、マレーシア等アジア諸国の資本で大都市の近代化を計ろうと、高層ビルやホテルなどを次々と建設し始めたが、この路線も不況でゆきづまり、国民は前にも増して苦しい生活にあえぐことになってしまった。

又この年、国民民主連盟（NLD）が結成されて、アウン・サン・スー・チーが書記長に就任したが、翌一九八九年政府は彼女を自宅軟禁にし、実に六年間にも及んだ。この軟禁中、一九九一年十二月、アウン・サン・スー・チーはノーベル平和賞を受賞するが、軍事政権はこれを全く無視した。

一九九〇年五月、総選挙が実施され、NLDが圧勝したにもかかわらず、軍事政権は政権移譲を拒否した上、NLD関係者多数を逮捕するに及んだ。

軍事政権のトップはタン・シュエ上級大将に代わったものの二〇〇〇年現在、十年もの長きわたって、国民によって承認されていない政権がビルマの政治を司っているのが現実である。

この本は、東京朝日カルチャー・センターの「ノンフィクション教室」の同人誌『耀』第二号

（一九九五年四月発行）より第十三号（一九九九年九月発行）までの各号に掲載された作品をまとめたものである。

「ノンフィクション教室」に於いては、入江曜子先生に、終始こまやかな御指導を頂いた。ここに心からの感謝を申し上げる。

本のカヴァ、扉の絵、挿絵のすべては、ペン画家、山田純子さん（在ブラジル）の作品である。純子さんは、この本のために一九九九年八月遠路ミャンマーに赴き、九月初旬まで一か月余、主としてサガインの尼僧寺に寄宿して、イラワディ河畔の風景や人物、花など、多数の貴重な絵を画いて来られた。小著にビルマのすばらしい色と香りを添えて下さった純子さんの友情に感激し、よき友に恵まれた幸せをかみしめている。

現地での取材に関し、インタヴューの先を紹介して下さった元駐仏ビルマ大使のウー・テットゥン、元日本大使館勤務の高橋ゆり氏、日本大使館ローカル・スタッフのソオ・ロック・トップ、カロー在住のドオ・トウェ・トウェ・エイと夫君のウー・セイン・ミョウ・アウン並びにその家族、その他の友人達に厚く御礼を申し上げる。

更に、ヤンゴンでミャンマー宝石公社勤務のウー・ネィ・ウィンとドオ・ラ・ラ・ミャイン夫妻には、取材の度にホテルの予約から車の手配、時には国内取材旅行への同行をはじめ、夫人の手作り料理の差し入れ、自宅への招待など、言葉に尽くせぬ親切を頂いた。家族全員の善意は終生忘れることが出来ない。

取材に応じて下さった方は三十五人に上るが、諸般の事情で小著に取り上げさせて頂いたのは、全体の三分の一にすぎない。しかしここに御協力下さったすべての方々に対し、改めて深甚なる謝意を述べさせて頂きたい。

また永井行慈上人に関して、貴重な資料を提供され、数々のアドヴァイスを下さった日本山妙法寺の高階晴治上人と斎藤妙円法尼に心から感謝申し上げている。

この本の出版を引き受けて下さった石風社の福元満治氏をはじめ社員の皆様に深謝申し上げたい。

最後に私事にわたって恐縮であるが、生前ビルマとビルマの人々への敬愛の念を分かち合った亡き夫、根本博と、資料の提供及びビルマ史とビルマ語に関する種々の助言を惜しまず協力してくれた三男、根本敬にこの小著を捧げたいと思う。

二〇〇〇年五月

根本百合子

参考資料

一　日本語文献

会田雄次『アーロン収容所』（中央公論社　一九六二）
アーネスト・ゴードン（著）、斎藤洋一（訳）『クワイ河収容所』（筑摩書房　一九九五）
バー・モウ（著）、横堀洋一（訳）『ビルマの夜明け』（太陽出版　一九七三）
ボ・ミンガウン（著）、田辺寿夫（訳）『アウンサン将軍と三十人の志士――ビルマ独立義勇軍と日本』（中央公論社　一九九〇）
防衛庁防衛研修所戦史部『南方の軍政』（朝雲新聞社　一九八五）
防衛庁防衛研修所戦史室『ビルマ攻略作戦』（朝雲新聞社　一九六七）
藤井日達『西天開教日誌　全』（日本山妙法寺　一九八七）
石田榮一、石田榮助（共編）『泰緬鉄道建設第三代司令官石田榮熊遺稿集』（私家版　一九九九）
伊藤桂一『遙かなインパール』（新潮社　一九九三）
泉谷達郎『ビルマ独立秘史――その名は南機関』（徳間書店　一九八九）
じっこくおさむ『人はなぜ戦争をするのか――ミャンマー物語』（三省堂　一九九五）
ジャーネージョー・ママレー（著）、原田正春（訳）『血の絆』（毎日新聞社　一九七八）
片岡秋『野戦雑記帖』（私家版　一九九三）
倉沢愛子『南方特別留学生が見た戦時下の日本人』（草思社　一九九七）
レオカディオ・デアシス（著）、高橋彰（編訳）『南方特別留学生トウキョウ日記』（秀英書房　一九八二）

リンヨン・ティッルウィン（著）、田辺寿夫（訳）『死の鉄路――泰緬鉄道――ビルマ人労務者の記録』（毎日新聞社　一九八一）
ルイ・アレン（著）、平久保正男他（訳）『ビルマ――遠い戦場』（上・中・下巻）（原書房　一九九五）
マ・サンダー（著）、堀田桂子（訳）『欠けている所を埋めて下さい』（井村文化事業社　一九八六）
マウン・ターヤ（著）、南田みどり（訳）『路上にたたずみむせび泣く』（井村文化事業社　一九八二）
マァゥン・ティン（著）、河東田静雄（訳）『農民ガバ、ビルマ人の戦争体験』（大同生命国際文化基金　一九九二）
丸山静雄『インパール作戦従軍記――一新聞記者の回想』（岩波書店　一九八四）
森山康平、栗崎ゆたか（共著）『証言記録大東亜共栄圏――ビルマ・インドへの道』（新人物往来社　一九七六）
武者一雄『ビルマの星空』（日本図書刊行会　一九九七）
永井行慈『西天開教――ビルマ獄中記』（青悟堂　一九四二）
根本敬「ビルマ近・現代史研究における〝日本占領期〟の扱われ方――J. Bečka の学位論文（一九八三）の書評を中心に」『東南アジア歴史と文化』十四号（東南アジア史学会　一九八五）
根本敬「（第六章）ビルマ」吉川利治（編著）『近現代史のなかの日本と東南アジア』（東京書籍　一九九二）
根本敬「ビルマの民族運動と日本」『岩波講座・近代日本と植民地』第六巻（抵抗と屈従）（岩波書店　一九九三）
根本敬「アウン・サン嫉妬の凶弾」「ネィ・ウィン黒魔術を使う男」『英雄たちのアジア』（別冊宝島EX）（JICC〈ジック〉出版局　一九九三）
根本敬『アウン・サン――封印された独立ビルマの夢』（現代アジアの肖像　13）（岩波書店　一九九六）
日本山妙法寺舞鶴道場（編）『慈悲――行慈院日雄上人第十三回忌法要記念』（興学社　一九八六）
大庭定男『戦中ロンドン日本語学校』（中央公論社　一九八八）
太田常藏『ビルマにおける日本軍政史の研究』（吉川弘文館　一九六七）

大宅壮一『炎は流れる』（文藝春秋社　一九九〇）
佐久間平喜『ビルマ（ミャンマー）現代政治史』（増補版）（勁草書房　一九九三）
佐久間平喜『ビルマに暮らして』（勁草書房　一九九四）
鈴木孝『ビルマという国――その歴史と回想』（国際ＰＨＰ研究所　一九七七）
竹山道雄『ビルマの竪琴』（新潮社　一九五九）
田村克己、根本敬（編）『アジア読本　ビルマ』（河出書房新社　一九九七）
田辺寿夫『ビルマ「発展」のなかの人びと』（岩波書店　一九九六）
山本宗補『ビルマの大いなる幻影――解放を求めるカレン族とスーチー民主化のゆくえ』（社会評論社　一九九六）
「勇士はここに眠れるか」編纂委員会（著編）『ビルマ、インド、タイ戦没者遺骨収集の記録――勇士はここに眠れるか』（全ビルマ戦友団体連絡協議会　一九八〇）
吉田敏浩『森の回廊――ビルマ辺境民族解放区の一三〇〇日』（ＮＨＫ出版　一九九五）
吉川利治『泰緬鉄道――機密文書が明かすアジア太平洋戦争』（同文館出版　一九九四）

二　英文資料

1　大英図書館オリエンタル・インドコレクション（OIOC）所蔵資料

IOR M/5/47	Japanese Activities in Burma (extract from Defence Bureau Intelligence Summary and Burma Monthly Intelligence Summary (1937-1940)
IOR M/5/58	Burma Monthly Intelligence Summary (1941-1942)
IOR M/5/73	Burma Defence Bureau Intelligence Summary (1938)
IOR M/5/75	Burma Defence Bureau Intelligence Summary (1940)
IOR M/5/76	Burma Defence Bureau Intelligence Summary (1941-1942)

2　英連邦戦没者墓地委員会発行資料

1939-1945 The War Dead of the Commonwealth——Thanbyuzayat War Cemetry (Part Ⅰ, Ⅱ, Ⅲ), Commonwealth War Graves Commission, 2 Marlow Road, Maidenhead, Berkshire, SL6 7DX, 1996

Commonwealth War Graves Commission——Information Sheet, "The Burma-Siam Railway and its Cemeteries", Commonwealth War Graves Commission, 2 Marlow Road, Maidenhead, Berkshire, SL6 7DX, 1997

3　一般資料

Baird-Murray, Maureen, *A World Overturned——A Burmese Childhood.1933-1947*, Interlink Books, 1998

Kin Oung, *Who Killed Aung San ?*, White Lotus Co. Ltd., 1993

Taylor, Robert H., *The State in Burma*, University of Hawaii Press, 1987

ビルマ関連略年表

一七五二	コンバウン朝興る
一八二四	第一次英緬戦争（〜一八二六）
一八五二	第二次英緬戦争（下ビルマのすべてが英領となる）
一八八五	第三次英緬戦争（コンバウン朝滅亡）
一八八六	ビルマ全土が英領インド帝国の一州となる
一九三〇	タキン党結成
一九三二	アウン・サン　ラングーン大学へ入学
一九三七・四	ビルマ、英領インド帝国から分離され、英国直轄植民地となる
	バ・モオ、ビルマの初代首相に就任
一九三九・一	「ビルマ・ルート」（援蔣ルート）開通
九	反英独立運動の自由ブロック結成（総裁バ・モオ、書記長アウン・サン）
一九四〇	ビルマ防衛法の適用により自由ブロック関係者の逮捕開始（八月バ・モオ逮捕される）
六	陸軍大佐・鈴木敬司（後の南機関長）ラングーンに入る
八	アウン・サン、同志一人と、アモイへ密出国するが、鈴木敬司の連絡で憲兵に捕らえられ日本へ送られる
一九四一・二・一	南機関発足
四	アウン・サン、同志募集のためビルマに潜入。「三十人の志士」を国外脱出させ、海南島において日本軍人による軍事訓練を九月まで受ける
一九四一・一二・八	日本、対米英宣戦布告
一二・二三	第三飛行集団（第十飛行団、第七飛行団）バンコク基地よ

	り出発、第一次、第二次ラングーン空襲
一二・二五	同飛行集団、第三次ラングーン空襲
一九四二・一	日本軍とビルマ独立義勇軍（ＢＩＡ）・南機関の指揮のもとバンコクにおいて三十人志士が同志を募って形成した軍隊がビルマ国内に進軍開始
三・八	日本軍（第三十三師団）ラングーン占領
六・四	日本軍、ビルマ全土に軍政を布告
六・二〇	「泰緬連接鉄道設立要項」を大本営陸軍部が指示
七・八	南機関解散
七	ビルマ独立義勇軍（ＢＩＡ）解散。かわってビルマ防衛軍（ＢＤＡ）発足 これより先、南機関にかわって第十五軍がＢＤＡをとりしきる
八	ビルマ中央行政府設立。バ・モオその長官に就任
一二・一	泰緬連接鉄道、公式に着工（タイ側、三〇四キロ、ビルマ側一一一キロ）
一九四三・三	泰緬連接鉄道建設に従事させる労務者第一期供出（三三、一八四人）
五	同じく労務者第二期供出（一七、六一五人）
六・二八	南方特別留学生第一期生としてビルマ人学生十五人が門司へ到着
七	泰緬鉄道建設従事労務者第三期供出（二一、九八五人）
八・一	ビルマ「独立」、バ・モオ国家元首兼首相に就任 ビルマ防衛軍（ＢＤＡ）はビルマ国民軍（ＢＮＡ）に改名される

一〇・二五	泰緬連接鉄道完成。コンコイター駅でタイ・ビルマ連接
一一・五〜六	東京において「大東亜会議」開催。バ・モオ首相出席
一九四四・三	日本軍インパール作戦開始
七	インパール作戦失敗、中止
八	抗日グループ・反ファシスト人民自由連盟（パサパラ）ひそかに結成される
一九四五・三・二七	パサパラ主導の抗日一斉蜂起
五	英軍ラングーン奪回
六	ビルマ国民軍（ＢＮＡ）は愛国ビルマ軍（ＰＢＦ）に名称変更
八・一五	日本敗戦、アジア太平洋戦争終結
九	南方特別留学生ビルマに帰国
一九四七・一	アウン・サン＝アトリー協定調印
七・一九	アウン・サン等閣僚計七名、官僚一名、守衛一名、ウー・ソオの部下に暗殺される
七	ウー・ヌ、政権を受け継ぎ独立準備をすすめる
一〇	ウー・ヌ＝アトリー協定調印
一九四八・一・四	ビルマ完全独立。国名はビルマ連邦
一九六二・三・二	ビルマ国軍、クーデター決行。ネィ・ウィンを議長とする革命評議会発足
一九七四・一	ビルマ式社会主義に基づく新憲法公布
三	形のみの民政移管。ネィ・ウィンは大統領に就任、ビルマ社会主義計画党議長兼任
一九八一・一一・九	ネィ・ウィン、大統領辞任。後継大統領はサン・ユ
一九八八・三・一八	学生反政府デモを軍が弾圧
七・二三	ネィ・ウィン党議長と、サン・ユ大統領辞任。新大統領にセイン・ルウィン就任。党議長を兼任

八	反政府運動に市民が加わり、全国的に激化。セイン・ルウィン辞任。マウン・マウン、大統領兼党議長に就任
九・一八	国軍、武力で全権掌握、国家法秩序回復評議会（SLORC）設置、ソオ・マウン大将が議長に就任し、軍政を開始
九	国民民主連盟（NLD）結成される。アウン・サン・スー・チー、書記長に就任
一九八九・六	国名の英語名をミャンマーに変更
七・二〇	軍事政権、アウン・サン・スー・チーを自宅軟禁
一九九〇・五・二七	総選挙実施、国民民主連盟（NLD）圧勝
六	軍事政権、NLDへの政権委譲を拒否
九	NLD関係者、支持者の大量逮捕
一九九一・一二	アウン・サン・スー・チーにノーベル平和賞授与
一九九二・四	ソオ・マウン議長引退。タン・シュエ上級大将が議長に就任
一九九三・一	国民会議で憲法草案審議開始
一九九五・七・一〇	アウン・サン・スー・チー、六年ぶりに自宅軟禁から解放される
一一	NLD、国民会議をボイコット。軍事政権は全員を除名
一九九六・五	NLDの議員総会開催を阻止するため、軍事政権は議員二六〇名以上逮捕・拘束。NLDは党員総会に切り替えて開催、独自に憲法草案づくりを進めることを宣言
六・七	軍事政権は国民会議以外の場所での憲法づくりを認めない新法を制定
一九九七・一一	国家法秩序回復評議会（SL

一九九八・九

ORC）解散。かわって国家平和開発評議会（SPDC）発足（軍事政権の名称変更）

NLD、一〇人委員会（国会代行者委員会）を発足させ、独自に議会開催へ努力。

根本百合子（ねもと・ゆりこ）
1924年10月神戸生まれ。
東京女子大学文学部英米文学科卒業。
1982年より1999年まで、東京都自立研修センター中国帰国者日本語教室（主として東京ＹＷＣＡ市ヶ谷教室及び武蔵野教室）において、中国残留孤児と家族のための日本語教育にたずさわる。

祖国を戦場にされて　ビルマのささやき

二〇〇〇年七月一日初版第一刷発行

著者　根本百合子
発行者　福元満治
発行所　石風社
福岡市中央区大手門一丁目八番八号　〒810-0074
電話　〇九二（七一四）四八三八
ファクス　〇九二（七二五）三四四〇

印刷
製本　瞬報社写真印刷株式会社

＊表示価格は本体価格（税別）です。定価は本体価格＋税です。

中村　哲
医は国境を越えて
貧困・戦争・民族の対立・近代化――世界のあらゆる矛盾が噴き出す文明の十字路パキスタン・アフガンの地で、貧困に苦しむハンセン病患者の治療と、想像を超える峻険な山岳地帯の無医村診療を、15年に亘って続ける一人の日本人医師の、壮絶な苦闘の記録　四六判　二〇〇〇円

中村　哲
ダラエ・ヌールへの道　アフガン難民とともに
〈増補版〉
〔NGO関係者必読の書〕ひとりの日本人医師が、現地との軋轢、日本人ボランティアの挫折、自らの内面の検証等、血の噴き出す苦闘を通して、ニッポンとは何か、「国際化」とは何かを根底的に問い直す渾身のメッセージ　四六判　二〇〇〇円

中村　哲
ペシャワールにて　癩《らい》そしてアフガン難民
数百万人のアフガン難民が流入するパキスタン・ペシャワールの地で、らい患者と難民の診療に従事する日本人医師が、高度消費社会に生きる私たち日本人に向けて放った、痛烈なメッセージ　四六判　一八〇〇円

甲斐大策
餃子ロード
旧満州、北京、ウイグルからアフガニスタンまで、三十年以上にわたり乾いたアジアを彷徨い続ける著者が記す、魂の餃子路。「舌触りや、熱さや、辛さがある」「今年のベストテンを選べば、どうしても上位に入ってくる本だ」（五木寛之氏）　四六判　一八〇〇円

甲斐大策
生命《いのち》の風物語　シルクロードをめぐる12の短編
雲の如く自由に、太陽の如く烈しく、流転の生を生きる人々の歓喜、屈辱、エロス、そして死――苛烈にして荘重な神話的短編集。「読者はこの短編集を読んで興奮する私をわかってくれるだろうか」（故中上健次氏）　四六判　一八〇〇円

＊表示価格は本体価格（税別）です。定価は本体価格＋税です。

甲斐大策
シャリマール　シルクロードをめぐる愛の物語

イスラム教徒でもある著者による、美しいイスラムの愛の物語集。玲瓏たる月の光の下、禁欲と官能と聖性、そして生と死の深い哀しみにあふれる世界が繰り広げられる。それらは墜落感にも似た、未知の快楽へと我々を誘う

四六判　一八〇〇円

〔絵〕山田純子　〔文〕山田純子／俊一
ヒンディ村　最後の桃源郷フンザにくらして

ラカポシの麓、あんずの花咲き乱れるパキスタンの小さな村の四季を、あたたかく細密なペン画と哀切な文章で描いた、珠玉の画文集。卑俗にして神々しい村里のくらしが、私たちの衰弱しつつある魂を揺り動かす

Ａ４判　二五〇〇円

山田純子〔絵・文〕
オーベルニュの小さな村

パリの南方六百キロ、オーベルニュ地方に暮した画家が細密なペン画で伝える豊かで温かい村人の生活。四季折々の自然と行事を大切にして、日の出と共に起き暗くなると眠る暮しには、ゆったりと流れる時間がある。

Ａ５判変型　一八〇〇円

阿部謹也
ヨーロッパを読む

「死者の社会史」から「世間論」まで——ヨーロッパ中世における「近代の成立」を鋭く解明する〈阿部史学〉のエッセンス。西欧的社会と個、ひいては日本の世間をめぐる知のライブが、社会観・個人観の新しい視座を拓く

四六判　三五〇〇円

加藤知弘　＊地中海学会賞　＊ロドリゲス通事賞受賞
バテレンと宗麟の時代

十六世紀、アジアをめざすザビエル、トルレスら宣教師たちの野心が、豊後府内の地で大友宗麟の野望とスパークする。戦国時代——それはキリスト教文明との格闘の時代でもあった。内外の史料を駆使して、世界史的な視点で描かれた力作

四六判　三〇〇〇円